Daniel Stögerer

So ein Mensch

Erzählungen

edition keiper

Erstveröffentlichung der titelgebenden Erzählung »So ein Mensch«:
Junge Literatur Burgenland, Band 4, edition lex liszt 12, 2020.
Wir danken für die freundliche Abdruckgenehmigung.

edition keiper

www.editionkeiper.at

1. Auflage September 2023
literatur nr. 146
Layout und Satz: textzentrum graz
Lektorat: Maria Ankowitsch
Covergestaltung: Karin Kröpfl
Coverfoto: AdobeStock
Autorenfoto: privat
Koordination Herstellung: MB Druckbetreuung
Druck: BALTO print, UAB
ISBN 978-3-903322-99-8

Das Land Steiermark
→ Kultur, Europa, Sport

GRAZ

Daniel Stögerer

So ein Mensch

Erzählungen

Der Schwester zuliebe,
die mir in allen Lebenslagen Familie blieb.

Inhaltsverzeichnis

So ein Mensch

1

Mattheo verzieht die Augen. Die Sonne beißt ihm ins Gesicht. Allerdings nicht direkt, das Display am Tablet spiegelt und er kann nicht wegschauen, wo er doch gerade Spielzeugvideos schaut. Da packen Leute Spielsachen aus und zeigen, was die alles können. Hier das Spielhaus von Peppa Wutz, dort ein neues Löschauto von Feuerwehrmann Sam. Sogar eine Werkbank für Kinder gibt es, mit Akkubohrer und Schalhammer und verschiedenen Schraubenziehern. Vor Staunen hängt ihm der Mund offen. Er will die Mama fragen, ob er die Werkbank bekommt. Nachdem er noch ein paar Videos angeschaut hat.

Langsam tun die Augen aber weh, und Mattheo rutscht unruhig auf der Couch hin und her, sucht nach einer Position, in der der Bildschirm nicht mehr blendet. Er findet sie auch, dreht sich zur Couchlehne und dem Fenster hin. Das Tablet spiegelt nicht mehr, nur fährt ihm jetzt die Sonne durch Garten und Fenster direkt an den Kopf, blind lässt er das Tablet runterplumpsen und hält sich mit den Händen seine Augen zu. Orange-grün leuchten die Fensterflächen auf schwarzem Grund.

Verärgert dreht er sich wieder dem Wohnzimmer zu und starrt Gedanken an die Fotowand, den Fernseher, das Krankenbett. Wenn er die Rollo runterließe, könnte er in Ruhe weiterschauen. Schon langt er nach dem Knopf, hält dann aber inne. Der Papa ist sicher böse, wenn er ihn im Dunkeln beim Videoschauen erwischt. Und wenn Mattheo

Pech hat, brennt ihm dann auch die Wange. Das will er nicht. Mit dem Tablet spielen will er jetzt aber auch nicht mehr. Die Mama weiß nämlich nicht, dass er sich das Entsperrungsmuster von ihr abgeschaut hat, und glaubt, er spiele gerade seelenruhig mit dem Lego Duplo auf dem Wohnzimmerteppich, während sie in der Küche mit den Töpfen klimpert. Raphael hat neulich gesagt, Lego Duplo sei für Babys.

Das Tablet liegt neben ihm auf der Couch. Er macht die App zu und zieht die Kopfhörer aus den Ohren. Träges Schnarchen zersägt den Nachhall der Videomusik. Mattheo schaut genervt in Richtung Krankenbett. Gestern Abend ist die Urli vom Spital zu ihnen gekommen. Sie wohne jetzt hier, hat die Mama erklärt, weil sie der Schlag getroffen habe und sie deswegen nicht mehr allein zurechtkomme.

Ganz versteht Mattheo nicht, wo sie der Schlag genau getroffen haben soll. Schließlich hat sie ja nirgends blaue Flecken. Aber das kümmert ihn gar nicht so sehr. Vielmehr stört ihn, dass die Urli den ganzen Tag schläft und dabei Geräusche macht wie Opas Fuchsschwanz. Überhaupt sei die Urli deshalb bei ihnen, weil Oma und Opa im Haus viel zu wenig Platz haben. Das sagt zumindest der Papa. Hier steht das Krankenbett aber mitten im Wohnzimmer, wo es den halben Fernseher verdeckt, wenn Mattheo am Abend auf der Couch sitzt und *SimsalaGrimm* schauen will.

Das Sägen wird immer lauter in seinen Ohren, nervig laut. Er steckt sich die Kopfhörer wieder rein, doch jetzt, wo sie keine Musik mehr spielen, zittert Urlis Schnarchen durch die Kabel. Er zieht sie raus und drückt die Hände an die Ohren. Zwischen den Fingern brodelt es hindurch, als wäre Mattheo in der Badewanne untergetaucht. Erbost schnaufend dreht er sich um, klettert über die Rückenlehne und rutscht in den kleinen Spalt zwischen Couch und Wand, sein Geheimversteck. Ganz klein macht er sich und hält die Ohren zu, so fest er nur kann, doch nicht einmal das hilft – oder doch? Plötzlich hört er nichts mehr. Nur den Dunstabzug und Mamas Summen von der Küche herüber. Verwundert lässt er die Hände sinken.

Langsam schiebt er sich den Spalt entlang, lugt neben der Couch hervor, zupft sich eine Spinnwebe von der Nase. Tatsächlich, das Schnarchen ist weg. Nur warum? Er will einmal nachsehen. Zögerlich tapst er durchs Zimmer, steigt über die Legosteine auf dem Teppich hinweg, klettert auf den Stuhl beim Bett und reckt sich, um über die Seitengitter zu sehen.

Da liegt sie, eingehüllt bis auf den Kopf. Ledrige Furchen durchziehen die harte Stirn, die schweren Wangen. Haare hat sie nicht mehr viele. Mattheo schaudert es, so nah war er noch nie an der Urli dran. Ihr Mund liegt offen und atemlos. Zaghaft langt er übers Bettgeländer und tippt sie an.

»Urli?«

Nichts. Noch einmal streckt er sich mit aller Kraft und packt sie an der Schulter.

Ein stechender Schmerz durchfährt Aurelia. Sie schnellt mit einem Schrei aus dem Schlaf hoch und blickt erschrocken in die großen Augen eines kleinen Jungen, der an der Bettseite auf einem Sessel steht.

»Wolferl?«, murmelt sie verwirrt, worauf der Bursche rückwärts vom Sessel stolpert, aufspringt und plärrend aus dem Zimmer rennt. War er das denn? Mit trüben Augen blickt sie zur Tür und lässt sich erschöpft ins Bett zurückfallen. Der linke Arm ist taub wie ein Stein, und der rechte schmerzt bei jedem Ruck, dass sie ihn sich am liebsten ausreißen würde.

Zumindest der Schlaf bleibt ihr vergönnt, denkt sie und schließt die Augen und stellt nach ein paar Minuten fest, dass nicht einmal mehr dem so ist. Die Blase drückt. Sie muss aufs Klo. Und mit der lahmen linken Hälfte kommt sie nicht allein aus dem Bett. Aurelia öffnet den Mund und will die Schwiegertochter, nein, Schwiegerenkelin rufen. Nur fällt ihr der Name nicht ein. Irgendwas mit E. Erna? Nein. Der Druck baut sich auf und sie überlegt, einfach zum Gang hinüberzurufen, entscheidet sich dann aber dagegen. Ihrer Vergesslichkeit wegen blamiert sic sich nicht vor der Jungen. Dieser Dahergelaufenen, die jetzt plötzlich über Aurelia bestimmen soll und dabei nicht einmal über ihren Lausbub Herr ist. Was war das denn eben für eine Blödheit von dem Kleinen? Die Alte aufwecken und dann wegrennen. Bei ihren Kindern hat es solche Späße nicht gegeben.

Nein, sie schweigt. Selbst wenn sie dafür in die Hose machen muss, ihre Würde lässt sich Aurelia nicht auch noch nehmen. Steif harrt sie dort, in ihrer Zelle, und atmet den schneidenden Wind vergangener Jahre.

2

Auf dem Fensterbrett rauscht noch Papas Radio dahin. Sein Platz am Tisch ist leer. Nur der Teller steht noch da, mit ein paar Bröseln drauf. Ab und zu mischt sich Urlis Plärren in die flirrenden Radiostimmen. Wütend schallt es aus dem Bad heraus, wo die Mama ihr beim Duschen hilft, wie die letzten Tage schon.

Nervös zappelt Mattheo mit den Füßen, rutscht am Hochstuhl hin und her, kratzt mit dem Fingernagel Furchen in die Tischplatte. Gefrühstückt werde erst, wenn die Urli fertiggewaschen sei, hat die Mama gesagt. Die Urli braucht ewig beim Waschen.

Vom Tisch her duftet der Striezel zwischen den Marmeladegläsern und der Kaffeekanne zu Mattheo herüber. Er kaut an seinem Trinkbecher und schaut hungrig dem Geruch entgegen. Am liebsten hätte er schon gestern Abend davon genascht, beim Backen mit der Mama. Er durfte den Zopf flechten. Die Mama hat ihm das gezeigt. Die weiß nämlich, wie das geht, weil sie einmal Bäckerin war. Jetzt ist sie Mama und kocht und putzt und bäckt Striezel mit ihm. Und hilft der Urli beim Waschen.

Draußen im Gang schlägt eine Tür auf und Urlis Grummeln brodelt zur Küche herein. Dem Gegrummel folgt sie selbst. Die Mama schiebt ihren Rollstuhl durch die Tür und an den Tisch. Bleich im Gesicht geht sie zum Radio und schaltet es ab. Mattheo ist ruhig, schielt still zur Urli hinüber, die aus harten Augen durch das Zimmer blickt.

»Da fehlt einer.«

»Der Wolfgang hat schon gegessen. Hat heute früh in die Arbeit müssen«, antwortet die Mama, nimmt einen kleinen Becher mit Tabletten aus dem Küchenschrank und setzt sich zur Urli.

»Aha.«

Eisig weht Urlis Stimme. Mattheo bekommt Gänsehaut, zappelt wieder mit den Füßen und schaut zum Fenster raus. Mama schneidet eine Scheibe vom Striezel ab, streicht Butter und Marmelade darauf, schneidet sie in Streifen und legt sie auf Mattheos Teller.

»Magst du einen Kakao, Mattheo?«

Ohne den Blick vom Fenster zu wenden, nickt er und reicht der Mama den Trinkbecher. Während sie den Kakao anrührt, fasst die Urli die Kaffeekanne und schenkt sich zitternd ein.

»Warte, ich helf dir gleich.«

»So viel kann ich schon noch selbst.«

Aus den Augenwinkeln beobachtet Mattheo, wie die Urli den halben Kaffee auf dem Tisch verschüttet. Wieder schaut er zum Fenster raus, nimmt ein Striezelstück und schiebt es in seinen Mund. Draußen gibt es eigentlich nicht viel zu sehen, nur den Kirschbaum und die leere Einfahrt. Als die Mama den Kakao bringt, entdeckt sie den verschütteten Kaffee um Urlis Häferl, beißt sich auf die Unterlippe und holt einen Fetzen.

»Das Bisserl brauchst ja nicht extra aufwischen.«

Alles ist wieder sauber und die Mama setzt sich zur Urli, bestreicht eine Striezelscheibe. Mattheo nippt am Kakao.

»Weißt du, Aurelia, der Striezel ist ein ganz besonderer. Mattheo hat mir nämlich beim Backen geholfen.«

»Ach so?«

»Ja wirklich. Mattheo, magst der Urli erzählen, wer den Striezel so schön geflochten hat?«

Mattheo löst den Blick vom Fenster und schaut vorsichtig zur Urli hinüber. Ernst blinzelt sie ihm entgegen, das Gesicht ganz hölzern, zerfurcht und verzerrt. Wie eine Krampuslarve.

Schnell schüttelt er den Kopf und schaut wieder zum Fenster raus.

»Wirklich nicht? Die Urli würd es sicher gerne wissen.«

Die Urli würde ihn sicher gerne fressen. Mattheos Herz klopft in den Ohren. Er klettert vom Hochstuhl herunter und kriecht schnell unter die Eckbank.

»Nein.«

Die Mama bückt sich unter den Tisch und schaut zu ihm herunter.

»Was ist denn, Mattheo?«

»Nichts.«

»Wie heißt der Bub nochmal?«

Das war die Stimme der Urli. Die Mama setzt sich wieder auf. Mattheo sieht nur mehr ihre Beine.

»Mattheo heißt er.«

Und die der Urli auf den Rollstuhlfußablagen. Dünn sind sie.

»Matthäus?«

Fast wie Stelzen, so dünn. Die Hosenbeine umhängen sie lose.

»Nein, Mattheo. Matth-e-o.«

Ob sie mit solchen Beinen überhaupt aufstehen kann?

»Was soll denn das für ein Name sein?«

Wieder bückt die Mama sich zu Mattheo herunter.

»Magst nicht wieder raufkommen? Dein Frühstück steht noch auf dem Hochstuhl.«

»Nein.«

»Wirklich nicht?«

Er schüttelt den Kopf. Die Mama atmet durch und setzt sich wieder auf.

»Na gut, dann frühstücken wir eben zu zweit. Schau, dein Marmeladestriezel, Aurelia. Halt, warte! Vorher musst du noch deine Tabletten einnehmen.«

»Das sollen meine sein?«

»Ja.«

»So viele hab ich doch nie gehabt.«

Die Urli regt sich. Eines der Stelzenbeine rutscht von der Ablage herunter. Es kümmert sie wohl nicht.

»Nach dem Schlaganfall sind ein paar dazugekommen. Der Arzt hat sie verordnet.«

»Und dir soll ich das glauben? Ihr wollt mich ja nur ruhigstellen.«

Einen Moment ist es still. Mattheo kommt das komisch vor, so dünne Beine. Und dann hängt da eines so, als würde die Urli schlafen. Dabei schläft sie gar nicht.

»Aurelia, bitte nimm die Tabletten. Der Arzt hat gesagt, sie sind wichtig.«

»Nein.«

Der andere Fuß stampft einmal auf.

»Schau, ich helfe dir sogar dabei …«

Die Mama steht auf und stellt sich zu Urlis Rollstuhl.

»Jetzt lass mich doch in Frieden, du Trampel!«, schreit die Urli plötzlich, es macht einen Klatscher, der Becher fällt unter den Tisch und die Tabletten kullern über den Holzboden. Mamas Beine stehen noch eine Weile still. Dann machen sie kehrt und stürmen die Küchentür hinaus.

3

Ein Windstoß kräuselt den Kirschbaum, löst ein paar Früchte von seinen Zweigen und wirft sie ins Gras. Unweit ächzt die Schaukel. Auf der Terrasse regt sich Aurelia im Rollstuhl, öffnet blinzelnd die Augen und blickt in den sonnenwarmen Garten. Kirschduft steigt ihr in die Nase. Nur eben nicht prall-süß, sondern bräunlich-gärend, sterbend. Sie schaut zum Baum hinüber, zu den schweren Ästen, den rotstrahlenden Funken im Blattgestöber. Und dann in den Schatten darunter, von wo Wespensurren vielstimmig an ihre Ohren dringt.

Sie atmet ein, runzelt die Stirn. Stimmen hallen in ihrem Kopf. *Heilige Maria Mutter Gottes, bitte für uns Sünder …* – Schüsse – … *in der Stunde unseres Todes. Amen.* Sie hört Schüsse. Ihr Blick schweift über die Einfahrt, den Kirschbaum, Schaukel und Rutsche, den Küchengarten, in dem die Schwiegerenkelin arbeitet, und das Gartenhaus. »Peng! Peng!«, schallt es durch die Brombeerbüsche.

»Peng! Peng!«, ruft Raphael, mit seinem krummen Holzstecken zum Kirschbaum hinüberzielend. Seine dicken Wangen wackeln bei jedem Ruf wie Pudding. Mattheos Blick folgt aufgeregt den Schüssen. Den Baum müssen sie zurückerobern, weil die Feinde ihn für sich haben wollen. Das hat Raphael erklärt und ihm die Pistole gegeben, die eigentlich ein knotiges Wurzelstück aus dem Küchengarten ist. Wer die Feinde sind und warum sie ihnen den Kirschbaum weggenommen haben, weiß Mattheo nicht. Er weiß nur, dass er sie alle totschießen muss, um wieder zu den saftigen Früchten zu können. Angestrengt mustert er das verschattete Gras, in dem faulende Kirschen perlen, kneift die Augen zusammen und sieht auf einmal wirklich Soldaten darüber hinwegsteigen. Ganz böse schauen sie aus, wie sie dort mit Gewehr und Uniform stehen und die Kirschen nicht teilen wollen. Er hebt die Pistole, die jetzt auch wie eine Pistole aussieht und nicht wie eine Wurzel, und schießt: »Peng!«

»Sie kommen!«, ruft Raphael, und Mattheo sieht, wie die bösen Soldaten plötzlich auf sie beide zulaufen. »Ui«, sagt er und rennt dem fliehenden Freund hinterher, am Küchengarten vorbei, wo die Mama gerade Erbsenschoten zupft, aufschaut und ihnen hinterherruft, sie sollten doch bitte nicht so wild laufen. Mattheo tut so, als hörte er sie nicht, und folgt Raphael schleunigst durch die Gartenhaustür, die sie fest hinter sich zuknallen.

Ein Fenster steht offen. Licht fällt herein und glimmert durch den wogenden Staub. Unterm Fenster türmen sich Holzscheiter, mit denen der Papa im Winter das Haus heizt. Gegenüber lehnt eine Leiter an der Wand. Rasenmäher und Kugelgrill rasten daneben.

»Du bewachst die Tür«, befiehlt Raphael und klettert mit seinem Gewehr auf den Holzstoß zum Fenster hinauf. Mattheo gehorcht. Raphael geht nämlich schon in den Kindergarten und dort spielen alle Buben *Bundesheerler*. Neidisch schaut Mattheo immer aus dem Küchenfenster, wenn Raphael in der Früh mit seiner Mama vom Nachbarhaus aus zum Kindergarten geht.

Der Holzstoß wackelt unter Raphaels Beinen. Es kümmert ihn nicht. Ernst steigt er über die Scheiter, strauchelt, als ein Rundling unter seinen Füßen wegrutscht, fängt sich aber wieder, erreicht das Fenster und legt das Gewehr an. Mattheo tritt einen Schritt zurück. Sicherheitshalber.

»Peng! Peng!«, donnert es aus dem Gewehr, und mit jedem Schuss geht eine Welle durch den Holzstoß.

»Das ist gefährlich, komm runter!«

Der Raphael schaut über die Schulter zu ihm herunter und lacht. Seine Puddingwangen wackeln.

»Du bist erst ein Hosenscheißer.«

»Bin ich nicht!«

»Dann trau dich rauf zu mir.«

Mattheo antwortet nicht, macht nur ein böses Gesicht und bewacht weiterhin die Tür. Er will kein Hosenscheißer sein, aber der Holzstoß wackelt und wackelt so bedrohlich und fällt nur wie durch ein Wunder nicht um. Schließlich zieht der Raphael das Gewehr an sich und sagt:

»Sie flüchten! Wir müssen ihnen hinterher!«

Ein letztes Mal wackelt der Holzstoß, als er das Fenster zuknallt.

Scheibenklirren in Aurelias Ohren. Verwirrt blickt sie um sich. … *und gebenedeit ist die Frucht deines Leibes* …, spukt es ihr durch den Kopf und sie hört wieder Fenstergläser scheppern. Diesmal nicht die des Gartenhauses, sondern jene des Kastenfensters bei ihr daheim am Hof, als im Nachbarort die Granaten der Stalinorgel einschlugen. In der Stube saßen sie, bei der Jause. Aurelia, Elfriede, Mutter und Jean, den alle Hans nannten, obwohl er kein Wort Deutsch sprach. Vor zwei Monaten war er ihnen zugeteilt worden, weil Ignaz immer noch irgendwo oben bei Hammerfest stationiert und Vater im Winter gefallen war. Vom Herrgottswinkel aus schwitzte der Heiland Blut auf sie herab, während sie schweigsam Milchsuppe löffelten, fern Granaten donnerten. Als sie die ersten Gewehrschüsse vernahmen, wurde das Wichtigste gepackt und in den Mostkeller getragen. Dort saßen sie nun bei Gärgeruch und Petroleumlicht zwischen Eichenfässern. Gefaltete Hände und gesenktes Haupt. Rosenkranzperlen glitten durch Mutters Finger.

Gegrüßet seist du Maria voll der Gnade …, flüsterten ihre Lippen und Aurelia nahm gleichgültig den dumpfen Hall von Schüssen wahr. … *ist die Frucht deines Leibes Jesus, der für uns gegeißelt worden ist. Heilige Maria Mutter Gottes* …, antwortete der Chorus, zweimal Deutsch und einmal Französisch: … *et à l'heure de notre mort. Amen.* Aurelia schielte zu Hans, erstaunt. Ehrfürchtig sanken die Formeln auf seinen Schoß hinab. Die Sprache verstand er nicht, sehr wohl aber das Gebet. … *den Frauen, und gebe-*

nedeit ist die Frucht deines Leibes … Zwischen ihm und der Mutter saß Elfriede. Die kleine Elfi, die sonst so lebhaft durch den Hof sauste und mit anpackte, als wäre sie nicht vierzehn, sondern vierunddreißig. Ihre kleine Schwester war die Erste, die das Vertrauen des Franzosen, mit dem anfangs niemand etwas anzufangen wusste, gewonnen hatte. Forsch hatte sie ihm am Abend seiner Ankunft die Mistgabel in die Hand gedrückt und ihm mit einem Wink bedeutet, ihr beim Stallausmisten zu helfen. Aurelia erinnerte sich an die Erleichterung in seinem Gesicht, erstmals jemanden verstanden zu haben. … *Mutter Gottes, bete für uns Sünder …* Jetzt saß sie bleich im Lampenschein, die tränennassen Augen schillerten. Angst wollte aus ihr hinaus. … *voll der Gnade, der Herr …* Gegen Aurelias Brust pressten zwei Ängste, die vor denen draußen und die um Ignaz, von dem seit Weihnachten kein Brief mehr gekommen war. *Sainte Marie, Mère de Dieu, prie …* Ein Rosenkranz verging. … *für uns Sünder, jetzt und …* Bald der zweite. Ihre Schatten waberten am Tonnengewölbe. … *in der Stunde unseres Todes. Amen.* Schließlich der dritte. Stur beteten sie weiter. *Ehre sei dem Vater und dem Sohn und dem Heiligen Geist, wie im Anfang, so auch jetzt und alle –*

Schweigen.

Mutter hatte den Zeigefinger an die Lippen gelegt. Von oben hallten Rufe zu ihnen in den Keller.

»Schnell! Wir dürfen sie nicht aus den Augen verlieren!« Mattheo rennt eifrig hinter Raphael her, vorbei am Küchengarten, aus dem die Mama stirnrunzelnd herausblickt, hin zu dem kleinen Nussbaum. Schnaufend bleibt Raphael stehen.

»Ich sehe sie nicht mehr. Du?«

Mattheo schaut verwundert um sich, nirgendwo ein Soldat. Er schüttelt den Kopf.

»Wir müssen uns Überblick verschaffen, wenn wir den Kirschbaum zurückerobern wollen«, meint Raphael und holt Luft. »Sonst laufen wir ihnen in die Falle.«

Auf einmal greift er nach dem untersten Ast des Nussbaums und beginnt hinaufzuklettern. Hoch ist er nicht, der Ast, aber dünn. Und Raphael dick.

»Das darfst du nicht!«

»Jetzt mach dir nicht in die Hose.«

»He!«

»Raphael, komm da runter!«

Das ruft die Mama, die gerade zu ihnen herüberstürmt, aber Raphael steht schon auf dem ersten Ast, der sich tiefer und tiefer biegt.

Ächzend brach die Tür zum Mostkeller, kalte Luft und fremde Stimmen drangen nach unten, fremder noch als das schmiegsame Gesäusel des Franzosen. Kehlig klangen die Worte, wüst und roh. Keiner regte sich. Keiner atmete.

Zwei Soldaten samt Gewehr kamen die Stiege herunter und traten ins Licht der Petroleumlampe. Ihre Augen funkelten, als sie in die Runde blickten. Funkelten müde im einen Gesicht, tierisch im anderen. Tierisch wie das Gebrüll, das der Soldat anhob und dabei sein Gewehr auf die Sitzenden richtete. Niemand verstand ihn, stumm saßen sie da, mit großen Augen und Angst im Herzen. Nach einer Pause begann er wieder zu schreien und schritt mit angelegtem Gewehr auf sie zu, da fing Elfi an zu weinen. Aurelias Puls donnerte in ihren Ohren.

Der mit den müden Augen legte dem anderen sanft die Hand auf die Schulter, murmelte etwas Beruhigendes und ging mit gesenktem Gewehr langsam auf Aurelia zu. Kniete sich zu ihr und blickte sie an. Er lächelte, und kurz blitzte etwas in seinen Augen, das überhaupt nicht müde wirkte. Der Russe zeigte mit der Hand auf sie, beschrieb mit Zeige- und Mittelfinger eine gehende Person und zeigte dann zurück zum Stiegenaufgang. Einen Moment noch blickte sie ihn fragend an und stand dann zögerlich auf. Sich an seiner freundlichen Miene vergewissernd, dass sie das Richtige tat, ging sie vorsichtig in Richtung Ausgang. Die anderen folgten ihr, Elfi schluchzend in Mutters Arm. Gemeinsam, die Russen im Rücken, stiegen sie die Stufen hoch.

Mattheo klettert auf das Rutschenpodest, neben ihm quietscht die Schaukel im Wind. Sie sollen besser hier Ausschau halten, hat die Mama gemeint, als der Raphael vorhin gerade noch rechtzeitig von dem Ast heruntergesprungen war. Ganz blass ist er jetzt und traut sich nirgendwo mehr hinauf, nicht einmal auf die Rutsche. Dabei hat die Mattheos Opa gebaut, und was der Opa baut, das hält.

»Was siehst du? Wo ist der Feind?«

Mattheo schaut um sich und sieht Papas schwarzes Auto mit dem Stern vorne drauf die Einfahrt hereinrollen. Seine Krawatte flattert im Wind, als er aussteigt und ihnen träge zuwinkt. Freudig winkt Mattheo zurück, bis der Vater mit der Aktentasche hinter der Eingangstür verschwunden ist.

»He, ich hab dich was gefragt!«

Er besinnt sich, legt die flache Hand an die Stirn und schaut konzentriert zum Kirschbaum hinüber. Allesamt stehen sie dort, die Bösewichte. Ein paar lehnen am Stamm, andere zupfen Kirschen aus den Zweigen. Wespen, Fliegen und andere Tierchen summen im Baum.

»Dort!«, ruft er und zeigt hinüber. Nachdenklich schaut Raphael ihn an, während er vom Podest heruntersteigt.

»Wir müssen sie umzingeln, ein Überraschungsangriff. Wenn sie nicht mit uns rechnen, können wir sie überrumpeln. Verstehst du?«

Mattheo nickt eifrig.

In Wahrheit verstanden sie nicht viel von dem Geplärre der Russen, die die Leute zum Graben antrieben. Aurelia, Mutter, Elfi und Hans bekamen Schaufeln in die Hände gedrückt und mischten sich unter die Nachbarn und Dorfleute, die bereits mit dem Aushub des Schützengrabens begonnen hatten. Finster war es. Die Mondsichel grinste hämisch in die Nacht. Stumm ging die Arbeit voran, nur Elfi hörte nicht auf zu weinen.

Stöhnend fallen die bösen Soldaten mit jedem Schuss aus Mattheos Pistole.

»Schieß sie alle tot!«, ruft Raphael von der anderen Seite des Baumes herüber und Mattheo gehorcht, denn die Feinde haben ihnen den Kirschbaum weggenommen, und so etwas muss bestraft werden. Die haben sich mit dem Falschen angelegt. »Peng! Peng!«, schallt es durch den Garten, einer nach dem anderen schießt mit dem Gewehr auf ihn, doch keiner trifft. »Peng!«, schießt seine Pistole zurück und Mann für Mann fallen sie tot um. Lustig ist das. Kurz schnauft er durch und sieht Raphael auf sich zulaufen. »Hilfe!«, ruft er. »Sie sind hinter mir –« Sein Fuß bleibt an einer Wurzel hängen. Er strauchelt.

Vornüber stürzte Elfi zu Boden. Sie heulte wie von Sinnen.

»Ich will heim, Mutter! Heim zum Vater! Bitte, lasst mich doch heimgehen!«

Manchmal hört Aurelia heute noch ihre Stimme. Mutter legte die Schaufel zur Seite, kniete sich zu ihr und schüttelte sie, sie solle sich doch beruhigen, die Russen schauen schon. Doch sie tat es nicht, wurde immer lauter, bis der mit den tierischen Augen in den Graben sprang, das Gewehr anlegte und sie anschrie. Mutter trat zurück und Elfi raffte sich unter wildem Schluchzen auf, doch als sie mit dem Weitergraben zögerte, ging der Russe auf sie zu und schlug ihr mit der Schaftkappe des Gewehrs ins Kreuz. Elfi schrie und stürzte in den Dreck, und der Russe setzte an, auf sie einzutreten, als Hans ihn von hinten packte und zu Boden riss. Er warf sich auf den Russen, umkrallte seinen Hals mit beiden Händen und spuckte ihm französische Flüche ins Gesicht. Verzweifelt wand sich der Soldat. Sein Gesicht lief blau an und der Franzose drückte wild zu, schrie und reagierte nicht auf die Rufe des anderen Russen, den mit den müden Augen, der vom Rand des Schützengrabens aus mit dem Gewehr auf ihn herabzielte. Erst als auch Aurelia und Mutter verzweifelt auf ihn einzurufen begannen, bemerkte er den über ihm thronenden Schatten.

Er hielt inne. Stand langsam auf. Trat einen, zwei Schritte zurück. Hustend drehte sich der Gewürgte zur Seite, fasste sich an den Hals und fischte nach ein paar Sekunden sein Gewehr aus der lockeren Erde. Schatten umspannten das Gesicht des Franzosen. Aurelia meinte Unverständnis darin zu erkennen. Stumm starrte er seine zitternden Hände an, während der Russe sich langsam aufrappelte, noch einmal hustete und das Gewehr auf ihn richtete.

Mattheo hebt die Pistole und einen Augenblick später liegt der Soldat im Gras. Er muss Deckung geben, hat Raphael gesagt. Mattheo hat keine Deckung und weiß auch nicht, wie so etwas aussieht, aber er gibt sich Mühe, die Soldaten von seinem Freund fernzuhalten. Da fällt einer, dort fällt einer. Viele liegen schon um den Baum herum und es werden immer mehr und mehr und mehr und mehr, bis ihm Raphael irgendwann auf die Schulter klopft.

»Du hast mich gerettet! Es ist keiner mehr übrig.«

Mattheo senkt die Pistole und schaut um sich. Tatsächlich. Mit einem Wimpernschlag liegt kein Soldat mehr auf dem Boden und seine Pistole ist wieder eine Wurzel. Achtlos wirft er sie ins Gras.

Ein Russe nahm Mutter die Schaufel ab und wies sie mit fremden Worten zur Heimkehr an. Sie nickte und nahm Elfi, die seit dem Schuss schwieg, am Arm. Gemeinsam kletterten sie aus dem Schützengraben, und Aurelia kam ihnen nach. Den Feldweg zurück zum Hof schlugen sie ein, Elfi und Mutter voraus, als jemand Aurelia an der Schulter fasste. Erschrocken drehte sie sich um und sah das Mondlicht in müden Augen schimmern. Sanft lächelte er sie an, und wieder blitzte da etwas anderes in diesen Augen, etwas Begieriges. Aurelia verstand nicht, wollte sich losreißen, doch der Mann packte sie nur fester. Immer noch lächelte er und zog sie langsam zu sich.

Mattheo und Raphael traben gemütlich zur Terrasse hin, um ein paar Kirschen aus der Küche zu holen, die die Mama schon gepflückt hat.

»Weißt, Mattheo«, meint der Raphael, »eigentlich bist du gar kein Hosenscheißer. Wie du da hinten gekämpft hast, das war ganz schön mutig.«

Mattheo antwortet nicht, freut sich nur insgeheim. Stolz ist er. Ein Lächeln erhellt sein Gesicht, ein richtig breites, das nur kurz abflaut, als er im Vorbeigehen die Urli im Rollstuhl weinen sieht.

4

Schnurrend schmiegt sich die Manschette um Aurelias Arm, stoppt gemächlich das Blut in den Adern. Unterarm und Hand werden bleich. Ein Gefühl, als stächen tausend kleine Nadeln in die Haut.

Sie betrachtet den weißen Raum, die kleinen Lichter auf den Bildschirmen und Apparaturen, den Arzt mit seiner kleinen Brille auf der Nasenspitze. Ernst tippt er Buchstaben in den Computer. Neben ihm surrt ein Zettel aus dem Drucker. Er legt ihn vor sich auf den Tisch und kritzelt mit dem Kugelschreiber darauf. Aurelia runzelt die Stirn. Schreibt er mit links? Na sowas.

Als sie den Mund öffnet, um den Arzt auf die falsche Hand hinzuweisen, tippt ihr die Schwiegerenkelin auf die Schulter und legt den Zeigefinger an die Lippen. Aurelia atmet wortlos wieder aus, blickt ihr kalt entgegen. Dann halt nicht.

Das Blutdruckgerät piepst zweimal und Luft zischt aus der Manschette. Der Arzt blickt auf, rollt auf seinem Drehsessel zu ihr herüber und legt die Manschette ab.

»Na, das sieht ja schon wieder deutlich besser aus. Hundertfünfundzwanzig zu neunundsiebzig.«

Was auch immer das heißen mag. Aurelia nickt trotzdem freundlich.

»Da wird einem gleich leichter, Herr Doktor!«

»Verständlich, Frau Höfler.« Er rückt die Brille zurecht. »Derart verbleiben wird der Wert allerdings nur, wenn Sie Ihre Medikamente einnehmen. Sonst sehen wir uns bald wieder.«

Klug lächelt er ihr zu, von oben herab. Aurelia will in der Liege ein wenig hochrutschen, gerät aber nur in Schieflage.

»Es sind halt so viele. Wenn ich die alle auf einmal schlucke, würgt's mich.«

»Dann schlucken Sie sie eben auf zweimal. Nur keine aussparen, aufheben oder wegwerfen. Tun Sie mir den Gefallen.«

Einen Gefallen tun. Lässt man ihr denn eine Wahl?

»Gerne, Herr Doktor.«

Er rollt zurück zum Schreibtisch, schreibt weiter. Die Schwiegerenkelin sitzt auf ihrem Stuhl und trommelt mit den Fingern am Oberschenkel. Was braucht sie denn zu trommeln? Sie kann ja aufstehen und gehen, im Gegensatz zu Aurelia. Ohne aufzublicken meint der Arzt: »Und mit der Reha-Klinik wollen Sie es nicht noch einmal versuchen? Therapie würde der Parese guttun.«

Aurelia mahlt mit ihren Zahnprothesen. Keinen Tag länger hätte sie es dort ausgehalten.

»Bei meinem Alter muss man nicht mehr alles können. Mir reicht's, wenn's die Pumpe noch tut.«

Sie klopft sich mit der guten Hand an die Brust, lächelt steif.

»Wichtig wäre es dennoch.«

»Bei allem Respekt, Herr Doktor. Ich kann nicht.«

Er atmet durch, rückt die Brille zurecht.

»Na schön. Zumal die Enkelin Sie daheim sicherlich hervorragend pflegt.«

Das auch noch. Will er ihren Anstand auf die Probe stellen?

»Ein Glück muss man heutzutage haben, wenn man so jemanden hat. Man kann's gar nicht oft genug sagen!«

»Ach so?«, der Arzt sieht sie an, irgendwie unbeholfen.

Na, was will er denn noch?

»Alles richtet sie für mich. Als wär sie ganz aus Fleiß und Herz gemacht.«

Aurelia wirft der Jungen ein erzwungenes Lächeln zu. Verwundert blickt diese zurück, da wendet sich der Arzt ihr zu.

»Elke Höfler, nicht wahr? Zumindest steht es so in den Kontaktdaten.« Über die Brille hinweg blickt er ihr in die Augen.

Aurelia beißt sich in die Unterlippe. Elke also. El-ke. Nur nicht vergessen.

Viel sprechen sie nicht mehr; der Arzt schreibt seine Zettel fertig und verlässt den Behandlungsraum. Eine Pflegerin kommt und hilft gemeinsam mit Elke Aurelia in den Rollstuhl, dann fahren sie hinaus in den Warteraum.

Allerhand Leute sitzen um Aurelia. Ein plärrendes Mädchen auf dem Schoß der Mutter. Ein kraushaariger Mann. Hin und her wippt er auf seinem Stuhl, hin und her, und seine Lippen murmeln stumm. Mit jedem Atemzug ätzt der Geruch von Desinfektionsmittel über ihren Rachen. Ein Lautsprecher vermeldet Name und Raumnummer, worauf sich ihr gegenüber ein älterer Herr erhebt und auf eine Schiebetür zuschlurft. Ein Plastikschlauch schlängelt aus seiner Hose hin zu dem halbvollen Harnbeutel, den er mit sich schleppt. Die Schwiegerenkelin steht in der Schlange vorm Ambulanzschalter, ganz hinten. Beim zweiten Mal Hinschauen schon weiter vorne. Irgendwann lehnt sie am Schalter und spricht durch die Glasscheibe. Aurelia versteht nicht was. Mit ein paar Zetteln kehrt sie zurück und setzt sich an ihre Seite.

»Sie bestellen uns einen Krankentransport. Ein wenig müssen wir noch warten.«

Aurelia nickt knapp, schaut sich weiter im Warteraum um. Die Schwiegerenkelin sortiert die Zettel und schiebt sie dann in ihre Handtasche.

»Möchtest du noch aufs Klo gehen? Jetzt hätten wir Zeit.«

»Nein.«

Sie will sich nicht von ihr angreifen lassen, nicht dort unten. Niemand soll ihr die Hose runterziehen, sie an den Arsch fassen. Warum lässt man sie damit nicht in Ruhe? Bei Ignaz, ja bei ihm hatte sie es geduldet. Gemocht nicht, aber geduldet.

»Bist du dir sicher? Wenn wir dann im Krankenwagen sitzen –«

»Ja, bin ich!«

Kurz starrt Elke Aurelia erschrocken an, wendet sich ab und schlägt die Beine übereinander. Stumm brüten sie nebeneinander, starren Schreie ins Nichts. Ein Lautsprecheraufruf hallt über sie hinweg. Die Pflegerin von vorhin schiebt eine Liege vorbei.

»Weißt, Aurelia, eben beim Arzt, da war ich noch Fleiß und Herz in deinem Mund. Hättest das auch gesagt, wenn ich nicht dabeigewesen wäre?«

Aurelia schnauft. Kann sie nicht einfach Ruhe geben?

»Ich will dir ja nur helfen. Warum sagst mir nicht, was dich an mir stört?«

Sie schaut Aurelia an, feucht glänzen ihre Augen.

»Jetzt reiß dich einmal zusammen. Wir sind ja unter Leuten.«

Ende des Gesprächs.

Die Blicke gehen auseinander und treffen sich auch nicht mehr. Menschen kommen. Menschen gehen. Eine

Ärztin trabt an ihnen vorbei. Zigarettengestank schwelt ihr hinterher. Der Zeiger auf der Wanduhr wandert, wandert hinkend übers Ziffernblatt. Langsam fängt die Blase doch an zu drücken, mehr und mehr. Sie verhält den Druck, der allmählich anfängt, ihr den Schweiß aus der Stirn zu treiben. Verlegen schielt sie zur Schwiegerenkelin hinüber. Vielleicht war sie ja doch ein bisschen herb. Wenn sie lieb fragt? Den Namen weiß sie jetzt ja, mit E fängt er an. Elfriede, nein, die ist schon lange tot. Ist Aurelia jetzt schon ganz dumm? Eben hat ihn der Arzt doch noch gesagt. E –

»Erika?«

Sie schaut zur Schwiegerenkelin hinüber, den Mund fragend geöffnet. Der Blick findet keine Antwort. Nur die überschlagenen Beine wechseln Position.

»Anderthalb Wochen wohnst du jetzt schon bei uns und nicht einmal um meinen Namen hast du dich angenommen.« Sie verzieht die Lippen. »So ein Mensch bist du.«

Aurelia senkt den Blick. Schließt den Mund. Legt die Stirn in Falten.

So ein Mensch ist sie.

5

Sahnig-schwerer Kirschduft umschwebt Mattheo. Er steht da, mit großen Augen und dem Spielzeugschalhammer in der Hand, um den er schnell gelaufen ist, als die Mama erzählt hat, dass Oma und Opa morgen zu Besuch kommen. Der Opa wird schauen, wenn er sieht, was für tolles Werkzeug Mattheo hat.

Jetzt ist die Küche leer, die Mama fort. Und dagelassen hat sie den Duft beim Herd, zu dem Mattheo nicht hinaufsieht. Er trippelt zum Tisch, legt den Schalhammer dort rauf und schiebt einen Sessel zum Herd hinüber. Laut scharren die Holzbeine über den Boden. Mattheo bleibt stehen, schnauft kurz durch, klettert hinauf, lehnt sich an die Küchentheke und bestaunt das Backblech mit Mamas Kirschkuchen. Dick glänzt der Schlag auf der Oberseite, dick und süß. Er atmet die Süße tief ein und schließt die Augen. Gut riecht das, nein, mehr noch. Supergut!

Er streckt die Hand aus, will mit dem Finger ein wenig Schlag aufgabeln – zuckt dann aber nochmal zurück. Er darf nicht. Nur wenn Mama und Papa es erlauben. Gerade der Papa ist Mattheo sicher böse, wenn er allein davon nascht. Geknickt schaut er drein und will schon vom Sessel klettern, da fällt ihm ein, dass er doch gar kein Hosenscheißer mehr ist. Ja, mutig ist er, hat der Raphael gesagt. Soll der Papa doch schimpfen, denkt er sich, fährt mit dem Finger durch die Obersdecke einer Schnitte und steckt ihn in den Mund.

Eine Wolke schmeckt er da. Eine Wolke aus Zucker und Milch und süßer Luft. Ganz flauschig zergeht sie auf seiner Zunge. Den Himmel schmeckt er da, den Himmel voller weißer Schäfchenwolken. Er schmeckt den warmen Wind, der sie zusammentreibt, und die Frühsommersonne, von der die Kirschen rot werden. Rot und prall, bis sie fast platzen vom vielen süßen Saft. Mattheo lächelt.

Die Tür knarzt auf, er erschrickt, blinzelt und beschaut seine Hände. Beide sind sie bis zu den Handgelenken mit Schlag beschmiert. Versteckt sitzt er unter der Eckbank, vor ihm am Boden das Backblech. Darauf ein wildes Durcheinander aus Schlagobers, Kuchenmasse und entkernten Kirschen. Träge Schritte schleifen über den Boden. Mattheo sieht unter der herabhängenden Tischdecke Papas Hausschuhe samt Socken und Jeanshosenbeinen zur Abwasch gehen. Ein Schrank geht auf. Glas klirrt. Der Schrank geht zu. Kurzes Wasserhahnrauschen. Schlucke. Einer, zwei. Erfrischtes Seufzen.

Die Beine schlurfen weiter, zum Tisch herüber. Dumpf hallt die Tischunterseite, als der Papa das Glas abstellt.

»Schau dir das an, Elke. Papa kommt morgen zu Besuch und schon liegt Zimmermannswerkzeug im ganzen Haus herum. Mich hat Mattheo noch kein einziges Mal gefragt, was in meinem Aktenkoffer ist.«

Er redet laut. Die Antwort hallt dumpf, vom Bad oder Schlafzimmer her, zur Tür rein: »Er ist ja erst drei. Was soll ihn jetzt schon deine Zettelwirtschaft interessieren?«

»Hast eh recht, aber trotzdem … hm.« Seine Stimme wird leiser. »Für ein Kinderspielzeug schaut das Ding ganz schön robust aus.«

Der Papa hebt etwas vom Tisch auf, entweder das Glas oder den Schalhammer. Wohl eher den Schalhammer, denn er pocht damit zweimal so kräftig auf die Tischfläche, dass Mattheos Ohren vom Hall fast platzen. Er erschrickt und kippt vornüber, rauf auf das Backblech, das laut scheppert. Der Papa macht einen verwunderten Laut, legt den Hammer wieder hin, bückt sich und hebt die Tischdecke. Er sieht Mattheo in die Augen, schweigt ihm eine Weile entgegen. Kirschrot wird sein Gesicht.

»Ist das Mamas Kirschkuchen?«

»Papa, ich mag jetzt allein sein.«

»Raus da mit dir, sofort.«

Mattheo will nicht. Die Ruhe in Papas Stimme macht ihm Angst. Er kennt sie nämlich gut. Die Mama kennt sie auch gut. Sie wird auch immer ganz ruhig und schaut nur stumm zu, wenn der Papa austeilt und Mattheo weint.

Aber diesmal wird er nicht weinen. Er ist ja jetzt mutig. Und mutig krabbelt er unter dem Tisch hervor, stellt sich vor dem Papa hin. Groß ist der. Größer noch als sonst. Riesig.

»Warum hast du das gemacht?«, fragt er und weist mit dem Finger auf die Schlagobersspuren, die unterm Tisch herausführen. »Der Kuchen ist für den Besuch morgen gedacht.« Enttäuscht schaut er ihn an, enttäuscht und müde. Immer hat er so müde Augen. Mattheo schweigt. Er ist mutig, mutig ist er.

»Ich rede mit dir!«

Papa bückt sich zu Mattheo herab, holt mit der Rückhand aus. Mattheo schließt vor Angst die Augen und beißt sich auf die Unterlippe. Er ist mutig er ist mutig er ist mutig er ist mutig er ist –

»Jetzt lass mich doch in Frieden, du Trampel!«, schreit er dem Papa ins Gesicht.

Der stockt, lässt die Hand verwundert sinken und macht einen Schritt zurück.

»W-wo hast du das denn her, Mattheo?«

Er ist doch nicht mutig. Rasch flitzt Mattheo am Papa vorbei zur Küchentür hinaus und hört ihn noch rufen, er solle sofort stehen bleiben, da ist er aber schon im Wohnzimmer und schreckt zurück, weil ihn die Urli vom Krankenbett aus mit schweren Augen anschaut. Ganz heiß wird ihm in der Brust und er würde sich am liebsten in Luft auflösen, tut dann aber so, als wäre sie nicht da, und läuft am Krankenbett vorbei zur Couch, klettert auf die Sitzfläche und über die Rückenlehne.

Aurelias Rückenlehne ist zu hoch eingestellt, sodass sie immer weiter ans Fußende des Bettes rutscht. Sie windet sich und versucht wieder hochzurutschen. Umsonst. Ihre Füße stehen am Bettende an und ihr Kreuz schmerzt vom Knick in der Matratze, als hätte ihr jemand einen Nagel zwischen die Wirbel geschlagen. Ein Mann kommt die Tür herein, schaut ruhig durch den Raum und stellt sich ans Krankenbett.

»Oma, hast du den Kleinen irgendwo gesehen?«

»Den Wolferl?«

»Der Wolferl bin ich. Mattheo ist dein Urenkel.«

»Matthäus?«

»Nein, Mattheo.«

»So ein depperter Name.«

Nein, nicht deppert. Anders halt. Hat ihr ja keiner was getan. Warum wird sie immer gleich feindselig?

»Hast du ihn gesehen oder nicht?«

Sie drückt sich mit dem guten Fuß vom Bettende ab, da sticht das Kreuz aber plötzlich noch schlimmer. Sie presst Augen und Zähne zusammen. Alt soll man nicht werden.

»Oma?«

Um Hilfe will sie nicht mehr fragen. So einem Menschen wie ihr hilft keiner gern. Der da hält sie wahrscheinlich auch für gemein und hinterhältig. Lieber verreckt sie elendig, als nochmal jemandem zur Last zu fallen. Wird ja auch schon langsam Zeit.

»Oma!«

Sie blinzelt, blickt dem Mann in die Augen. Dieselben Augen wie ihr Sohn. Aber das ist ja der Enkel, oder? Egal. Sie versucht sich nochmal vom Bettende wegzudrücken. Diesmal rutscht sie sogar ein bisschen nach oben. Dass Ignaz nie diese Augen aufgefallen sind. Als würden sie gleich zufallen und fest einschlafen.

»Was brauchst denn?«

»Der Kleine.«

»Welcher?

»Mattheo.«

»Hm?«

Der Mann atmet durch.

»Weggelaufen ist er mir. Hast du ihn gesehen?«

Ja, dort bei der Couch, hätte Aurelia sagen mögen. Wieder sticht das Kreuz. Sie krallt die Finger in die Decke. Die Finger des Mannes krallen sich zu Fäusten. So ein ruhiges Gesicht und so wütende Arme. Wer weiß, was der Bub angestellt hat. Aber so sind Kinder eben, nicht?

»Bei mir war er nicht. Im Garten vielleicht.«

Der Mann runzelt die Stirn, nickt und schlurft murmelnd zum Gang hinaus.

Mattheo wartet, bis die Tür hinter dem Papa zufällt, und traut sich erst dann ganz hinter der Couch hervor. Alles hat er mitgehört. Was die Urli gesagt hat, stimmt nicht. Sie hat ihn vorhin ja gesehen. Und trotzdem hat sie den Papa rausgeschickt, damit er Mattheo nicht findet. Er schaut eine Weile zum Krankenbett hinüber, geht dann langsam darauf zu und klettert auf den Sessel beim Bett.

Ernst schaut ihn die Urli an. Immer noch sieht ihr Gesicht aus wie eine hölzerne Maske, aber Mattheo lässt sich diesmal nicht von ihr täuschen. Irgendwo hinter all den Furchen und Runzeln, hinter dem eisigen Blick und der versteinerten Miene erkennt Mattheo zum ersten Mal die echte Urli. Und die flößt Mattheo keine Furcht mehr ein. Im Gegenteil.

Er klettert über das Seitengitter und fällt Aurelia in die Arme. Sanft, weder Arm noch Kreuz schmerzen davon. Einen Moment lang erschrickt sie, weiß nicht, wie sie reagieren soll. Der Bub liegt da einfach auf ihr und umarmt sie. Er hat sie gern. Behutsam erwidert sie die Umarmung. Drückt den kleinen Jungen an sich.

»Danke, Urli«, flüstert er ihr in die Brust.

Sie lächelt. Und für einen Moment, einen ganz kurzen, wird ihr leicht ums Herz.

In den Abgrund

1

»Gut?«

»Ja, gut.«

»Ich kenn dich, Mama.«

Mild knistert seine Stimme aus dem Handy. Petra klemmt es zwischen Schulter und Ohr, schaltet einen Gang nach oben. Kahle Äcker und dürre Kukuruzfelder ziehen an ihr vorbei.

»Was soll ich sonst sagen? Ist halt keine dankbare Arbeit.«

»Wie meinst das?«

»Wie ich das meine? Heute hab ich ein Wurstbrot aus einem Bankfach gezogen, das vor lauter Schimmel schon dort gepickt hat.« Sie krampft die Hände um das Lenkrad. »Wenn ich dem Direktor sag, dass ich die Klassen in meiner Dienstzeit nicht sauber krieg, heißt es nur, ich kann ja gehen, wenn mir die Arbeit nicht passt.«

Der Motor dröhnt durch das Armaturenbrett. Wieder schaltet sie einen Gang höher.

»Und wennst wirklich gehst?«

Ein weißer Audi kommt auf sie zu. Petra reißt das Lenkrad nach rechts, rumpelt übers Bankett, das Auto schießt vorbei und sie lenkt ihres zurück auf die Straßenmitte. Nimmt den Fuß vom Gas. Zieht Arktisfrische durch ihre Nase. Der Wunderbaum schlingert unterm Rückspiegel.

»Christian, ich will dich nicht mit meinen Problemen quälen. Hast sicher selber genug Sorgen.«

Er brummt verständnisvoll. Beide schweigen.

Eine Wand aus welkem Gestrüpp nähert sich. Wilde Kirschbäume und Holunderstauden wallen im Herbstwind.

»Eine Sache noch Mama, ich …«

»Du, ich fahre grad über den Güterweg heim, durch den Wald, und gleich ist der Empfang weg. Alles Gute nochmal und lass dich ordentlich feiern. Hab dich lieb.«

Schon schieben sich Schatten übers Auto. Fichtenstämme huschen an den Seitenscheiben vorbei, totes Laub raschelt unter den Reifen und Schlaglöcher stoßen Petra ins Kreuz. Sie verzieht das Gesicht, bremst ein wenig und will gerade auflegen, als Christians Stimme noch einmal aus dem Lautsprecher ruckelt.

»Warte noch kurz, ich wollt dir noch sagen …« Rauschen. »… ein Kind. Monika ist schwanger. Mama?«

Wieder Rauschen. Ein kurzer Piepston sagt Petra, dass die Verbindung abgebrochen ist. Langsam legt sie das Handy zurück auf die Mittelkonsole. Ihre Gedanken verfangen sich im vorbeiziehenden Astwerk.

Stumm gleitet der Wagen durch den Wald. Petra übersieht die blitzenden Rehaugen im Straßengraben. Überhört den mal gurgelnden, mal röhrenden Motor. Denkt nicht ans Schalten. Nicht ans Blinken, als sie an einer Weggabelung rechts abbiegt. Alles um sie schweigt. Nur der Tinnitus singt in den Ohren.

Erst als der Wald sich auftut, verhallt er langsam. Fahrtwind heult wieder um das Auto. Monika ist schwanger. Die Frau ihres Sohnes. Petra wird Großmutter. Sie blinzelt, schüttelt den Kopf.

Nur warum kann sie sich nicht darüber freuen?

Sie bleibt noch einen Augenblick im Auto sitzen, ehe sie die Handtasche vom Beifahrersitz nimmt und aussteigt.

Auf dem Weg vom Carport zur Haustür kramt sie eine Packung Chesterfield Blue und ein mit rosa Camouflage bedrucktes Feuerzeug daraus hervor, lehnt sich auf halber Strecke an die Hauswand und zündet sich eine Zigarette an. Beim ersten Zug ist ihr, als würde ihre Lunge weiter werden, Last von ihrer Brust fallen. Leichter fühlt sie sich, ein wenig zumindest. Kurz spielt sie mit dem Gedanken, Christian zurückzurufen, lässt es dann aber sein und schaut müde die Dorfstraße hinunter. Abendgraues Licht sickert aus dem Wolkenhimmel und nachtfahles aus den Straßenlaternen, die flackernd angehen. Nur aus einzelnen Fenstern der Nachbarhäuser strahlt es mild-warm.

Eine Nachbarin kommt mit einem Malteser vorbei und hebt zu plaudern an. Petra geht in die Knie und versucht lächelnd den scheu zurückweichenden Hund zu streicheln, während das Frauchen mit etwas abgenutzter Bestürzung von einer anderen Nachbarin berichtet, deren Mann jetzt endlich ausgezogen sei. Allein lebe sie jetzt im Haus, mit den zwei Kindern. Endlich keine Schreierei mehr am Abend. In der ganzen Nachbarschaft habe man es ja gehört, nicht? Dass sie so lange warten habe müssen mit der Scheidung. Sowas tue sich ja keiner freiwillig an.

Wortlos lauscht Petra, saugt dann und wann an der Zigarette. Irgendwann ebbt der Wortschwall ab und die Nachbarin zieht weiter. Nach einer Weile dämpft sie den Stummel unterm Absatz aus.

Sowas tut sich keiner freiwillig an?

Rauchschlieren wandern durchs Vorhaus, während Petra die Schuhe auszieht. Aus der offenen Schlafzimmertür schwappt Brandungsgetöse. Im Vorbeigehen schielt sie kurz hinein. Vom Nebel umschlungen sitzt Hermann auf dem Bett. Die Wampe samt Bauchnabel lugt unter dem schweißfleckigen Unterhemd hervor. In der Linken glimmt die übliche Zigarette, die übliche Bierdose in der Rechten fehlt hingegen. Dafür läuft im Fernseher wie üblich DMAX. Irgend so eine depperte Männerserie übers Hochseefischen.

Grußlos geht sie ins Zimmer und öffnet ein Fenster.

»Kalt ist's.«

»Das halte ich noch eher aus als den Gestank.«

»Derstunken ist noch keiner …«

»Aber derstickt!«

Resigniertes Grunzen. Kurz blicken sie einander an. Die Sache mit Monika liegt Petra auf der Zunge. Sie öffnet den Mund, schließt ihn dann allerdings wieder und geht. Hinüber in die Küche, wo ein Geschirrturm in der Abwasch wartet. Speckreste kleben rotfleckig an Topf und Teller. Darüber zwei nicht ausgewaschene Dosen Fertiggulasch. Petra beißt sich in die Unterlippe, öffnet den Schrank über der Küchenzeile und holt ein Kaffeepad und ein Häferl heraus. Der Bauch hängt ihm vom Nichtstun schon aus dem Gewand und nicht einmal sein Geschirr kann er selbst abwaschen. Vor ein paar Jahren hat Hermann um diese Tageszeit noch Bewehrungsstahl auf der Baustelle gebogen. Muskulös war er da noch, braungebrannt. Während die Kaffeemaschine halblaut vor sich hin gluckert, schaltet sie das Radio bei der Eckbank aus. Wahrscheinlich läuft es schon seit dem Mittagessen.

Die Kaffeemaschine piepst. Petra holt die Schachtel mit den Antidepressiva aus einer Lade und knackst eine Tablette aus dem Blister, legt sie sich auf die Zunge und spült sie mit heißem Kaffee hinunter, bitter in bitter. Sie setzt sich an den Tisch und betrachtet das Kaffeehäferl, nein, Punschhäferl. Von irgendeinem Christkindlmarkt. Alt und abgegriffen. Wahrscheinlich waren sie mit Christian dort, als er noch klein war. Ob sie mit dem Enkerl einmal einen Christkindlmarkt besuchen werden? Sie nimmt einen zweiten Schluck und zündet sich wieder eine an, lässt Schachtel und Feuerzeug auf dem Tisch liegen. Nach ein paar Zügen schaut sie unwillkürlich auf das Schockbild, eine Rußlunge auf irgendeinem OP-Tisch, feucht und eingefallen. Wie eine gestrandete Qualle, nur schwarz. Ihr Blick wandert zu den gelblichen Fingern, zwischen denen ihre Zigarette klemmt. Träge frisst sich die Glut dem Filter entgegen. Langsam wäre es Zeit zum Aufhören. Nur freut sie bis aufs Rauchen halt nicht mehr sonderlich viel.

Heiß schäumt das Wasser über ihre Hände und den Drahtwaschel, mit dem sie die angebrannten Reste aus dem Topfboden kratzt. Früher hat sie gerne den Haushalt geschmissen. Damals, als der kleine Christian noch durch die Wohnung flitzte und sie nicht arbeiten musste, weil Hermann genug Geld heimbrachte. Manchmal war es schon mühselig, den beiden ständig hinterherzuräumen, aber sie fühlte sich gebraucht. Heute kommt sie sich vor wie der Trottel vom Dienst.

Durch die Wand hört sie Hermann husten. Dumpf dringen Fernsehstimmen in die Küche. Seine eigene Stimme hört Petra selten. Konflikte hat er schon früher durch Ausschweigen gelöst, nur im Rausch hat er sie lieber ausgeschrien. Heute schweigt er selbst dann. Als hätte ihn der Bandscheibenvorfall gebrochen. Oder die Frühpension.

Sie trocknet den Topf ab und nimmt sich Teller samt Besteck vor, presst die Lippen zusammen, während sie über die eingetrockneten Stellen scheuert. Ja, schreien hat er gut gekonnt, wenn er angesoffen war. Sie kann sich noch an

Hermanns Reaktion erinnern, als er mitbekam, wie Christian mit dreizehn im Klo zu rauchen begann. Dem Arzt in der Unfallambulanz musste sie erklären, der Bub sei die Stiege hinuntergefallen.

»Sowas tut sich doch keiner freiwillig an«, murmelt sie stimmlos.

Freiwillig nicht, nein. Nur lass dich als Hausfrau einmal scheiden, deine Höchstqualifikation eine abgebrochene Kellnerlehre. Hat sich ja jemand ums Kind kümmern müssen, damals. Und jetzt?

Erst als alles glänzt, hört sie auf, Gedanken in die Abwasch zu scheuern. Sie trocknet die Hände am Geschirrtuch ab und fischt dann einen kleinen Notizblock und einen Kugelschreiber aus einer Lade, politbunte Geschenke von der letzten Gemeinderatswahl. Sie setzt sich damit an den Tisch und beginnt auf den Block zu kritzeln. 900 Euro verdient sie mit ihren zwanzig Wochenstunden an der Hauptschule. Raufgehen kann sie mit den Stunden nicht; zu wenig Arbeit, hat der Direktor gesagt. Eine kleine Wohnung in der Nähe würde etwa 400 im Monat kosten, vielleicht sogar etwas weniger. Bleiben 500. Der Eifer beim Schreiben lässt etwas nach. Sie notiert noch die knappen 100, die im Monat für Sprit und Autoversicherung draufgehen, die 250 an Wasser-, Strom- und Kanalgebühren, legt dann den Kugelschreiber weg und stützt ihr Gesicht in die Hände. An Haushaltsversicherung, Heizkosten, Essen, Trinken, Rauchen und die Bankschulden für das Haus will sie gar nicht erst denken.

Petra massiert sich die Schläfen. Die Arbeit wechseln, hat Christian vorgeschlagen. Mit einer HTL-Matura lässt sich leicht reden. Sie könnte einen Beruf erlernen, ja, einen Kurs beim BFI machen, Heimhilfe oder so etwas in der

Art. Besser verdienen würde sie dann, genug für eine eigene Existenz. Nur ob sie das noch schafft? Außerdem muss man heute ja froh sein, wenn einen mit fünfzig überhaupt noch wer nimmt.

Sie schaut auf. Das Scheinwerferlicht eines vorbeifahrenden Autos blendet kurz beim Fenster herein. Zu kompliziert, das alles. Wenn sie hier auch sonst nichts hat, so hat sie zumindest Sicherheit.

Das Handy liegt neben den Schreibsachen auf dem Tisch. Petra spielt mit dem Gedanken, Christian noch einmal anzurufen, sich bei ihm auszusprechen. Nein, an seinem Geburtstag hat er sicher Besseres zu tun, als den Therapeuten seiner weinerlichen Mutter zu spielen. Hat ja selber genug Scherereien mit Hermann gehabt. Kämpfen hat er müssen für seine Monika. Die Rechtsanwaltstochter, die Bessere. So nannte Hermann sie, wenn sie nicht da war. Weil sie nach der Schrift redete und am Tisch gerne politisierte, allerdings nicht nach Hermanns Weltbild. Still ertrug er ihre Anwesenheit, wenn Christian sie sonntags mitbrachte, und verzog sich nach dem Essen in die Kellerwerkstatt. Erst als sie schon länger zusammen waren und Christian fragte, ob Monika bei ihnen im Haus einziehen könnte, fand Hermanns Unmut Worte, und er meinte, eher baue er einen Hühnerstall im Badezimmer, als dass er sie hier länger als einen Tag dulde. Den Dreck in der Dusche halte er noch eher aus als ihr siebengescheites Gerede.

Darauf fingen die beiden an, aufeinander einzuschreien, wie schon so oft. Sich zu beschimpfen, wie schon so oft. Und Hermann drohte handgreiflich zu werden, wie schon so oft. Doch Christian hielt ihm diesmal die Wange hin und sagte, er solle nur zuschlagen. Alles, was er austeile, würde er dreifach zurückbekommen. Zwanzig war er damals und schon ebenso kräftig gebaut wie der Vater, der auf die Ansage hin nur mit den Zähnen knirschte, sich umdrehte und die Kellerstiege hinuntertrampelte. Christian packte noch am selben Tag seine Sachen und zog aus.

Still sitzt Petra da und spielt mit dem Kugelschreiber, drückt mit dem Knopf rhythmisch gegen die Tischplatte. Klick. Klick. Klick-klick. Klick. Zehn Jahre ist das her. Und jetzt bekommen sie ein Kind. Ein kleines Kind. Sie versucht sich an Christians erste Jahre zu erinnern. Fremd wirken die Bilder in ihrem Kopf. Fremd und fern. Wie aus einem anderen Leben. Haben sie nicht ein Fotoalbum von damals?

Sie steht auf und öffnet Laden, kramt hinter Schranktüren. Nichts zu finden. Einen Kasten nach dem anderen nimmt sie sich vor, findet alte Weihnachtsdekoration, zerlesene Bücher, ein Maniküre-Set, das sie vor Jahren verlegt hat. Nur das Fotoalbum taucht nicht auf. Auch in den anderen Zimmern nicht. Irgendwann gibt sie es auf und geht ins Schlafzimmer. Im Fernseher läuft gerade Werbung für ein teures Taschenmesser.

»Weißt du, wo Christians altes Fotoalbum sein könnte?«

Hermann zuckt mit den Schultern, schnippt die Asche seiner Zigarette in den Aschenbecher neben sich im Bett.

»Vielleicht im Keller, dem Bub sein alter Ramsch liegt noch dort.«

Petra dreht sich um und marschiert zügig den Gang entlang, die Kellerstiege hinunter und hinein in die Waschküche, wo Eichenholzkästen die Wände verstellen. Sie öffnet die Schranktüren und klaubt allerhand heraus. Fahrradhelme, Brettspiele, eine Nintendo-64-Konsole, zwei Schachteln mit Gewand voller Mäusekot. Unter einem Stapel abgenutzter Schulhefte zieht Petra schließlich das Album hervor, putzt den Lurch mit dem Ärmel von den Rändern. Ein gemalter

Teddybär lächelt darauf und winkt ihr entgegen. Sie geht langsam in die Knie, setzt sich auf den kalten Fliesenboden und lehnt sich mit dem Rücken an die Waschmaschine. Sie muss schlucken, ehe sie das Album auf ihrem Schoß öffnet.

Sonnenblumenornamente winden sich über die Bettwäsche, auf der Hermann liegt, braungebrannt und schwarzgelockt. Eine Hand im Nacken, die andere hält den fünf Tage alten Christian auf seinem Bauch. Friedlich schläft er im noch übergroßen Strampler. Ein Stoppelbart schattiert das Lächeln des Vaters. Stolz liegt darin. Und Milde.

Grünlicher Brei sprenkelt den kleinen Hochstuhltisch, auch den karierten Latz dahinter und Christians Gesicht darüber. Rot leuchten seine vollen Wangen. Er macht große Augen und hält den Plastiklöffel in die Höhe, als hätte er damit eine Schlacht geschlagen.

Petra sitzt mit hochgeföhnter Frisur auf einem Schemel vor einer Natursteinmauer und lacht Christian entgegen. Verkehrt herum sitzt er auf seinem Bobby-Car und stößt es mit den Füßen in ihre Richtung.

Hermann und Petra, nebeneinander. Er im schwarzen Anzug, eine marineblaue Fliege blüht am Kragen und ein Enzian im Knopfloch des Sakkos. Sie im weißen Kleid, feine Spitze. Der Schleier bereits zurückgeworfen. An ihrer Rockfalte hängt Christian. Mit der freien Hand umfasst er die Ohren eines lila Plüschhasen und schaut zu den Eltern auf, deren Lippen sich gerade im Kuss treffen.

2

Den nächsten Zug lässt er eine Weile in der Lunge, schließt die Augen und versucht zu entspannen. Muss stattdessen husten. Stoßweise fährt Hermann der Rauch aus Mund und Nase und schliert in die Höhe, bis er in dem herb-stickigen Nebel zergeht, der den Raum ausfüllt. Das Fenster hat er inzwischen wieder zugemacht. Soll sie der Gestank stören. Petra schläft sowieso im alten Kinderzimmer. Warum kann sie ihn hier nicht einfach in Ruhe lassen?

Er rückt ein Stück zurück, setzt sich etwas auf, um besser Luft zu bekommen und den Fernseher im Blickfeld zu behalten. Vor Schmerz kneift er die Augen zusammen. Das Kreuz sticht. Wie bei jeder Bewegung. Den ganzen Tag über. Scheiß Operation. Alles Pfusch, hat der Tschusch auf der Baustelle immer gesagt und noch dumm gelacht, wenn der Statiker etwas in der Bewehrung beanstandet hat. Dem Hackler schauen Techniker, Bauleiter und Statiker auf die Finger. Dem Oberarzt keine Sau.

Einen Zug nimmt Hermann noch, dämpft den Tschick aus und zündet sich einen neuen an, besinnt sich auf den Fernseher. Die Werbung ist aus. Er hebt die Fernbedienung und dreht ein wenig lauter, saugt aufgeregt an der frischen Zigarette. Gischtsprühende Wellen umpeitschen den Krabbenkutter, werfen ihn auf und ab. Auf und ab und die Leute marschieren an Deck wie über den Gehsteig am Dorfplatz. Ein Seil werfen sie über die Reling und ziehen einen Käfig mit Königskrabben herauf. Zwei Königskrabben, um genau zu sein. Magere Ausbeute, aber umsonst sprechen sie in der Serie nicht vom »härtesten Job Alaskas«.

Gespannt schaut ihnen Hermann zu. Einmal selber dort stehen, denkt er. Einmal sich selber der Natur aussetzen, den meterhohen Wellen, den eisigen Sturmböen. Einmal, denkt er, nimmt einen Zug und senkt den Blick. Irgendwann einmal. Im nächsten Leben vielleicht. Selbst wenn er noch könnte – die Lust fehlt. So wie die Lust, am Morgen aufzustehen und sich zu waschen. Sich die Zähne zu putzen. Irgendwas zu tun, egal was. So wie die Lust, die er früher verspürt hat, wenn er nach Feierabend Petra endlich wieder gesehen hat. Ihre Lust auf ihn war schon vor seiner gestorben. Ignorieren wollte er das damals, damit leben lernen, nur fing er irgendwann an, im Schlaf zu kommen und bekam Erektionen, wenn im Fernseher Unterwäschewerbung lief. Er ertappte sich dabei, wie er fremden Frauen nachschaute, und schämte sich dafür. Irgendwann war er so weit und fuhr nach Feierabend in ein Puff, setzte sich dort an die Budel und bestellte ein Bier. Als sich eine Angestellte zu ihm setzte, kam ihm der kalte Schweiß, er zahlte schnell und stolperte aus dem Lokal, fuhr zügig nach Hause. Auf dem Heimweg weinte er im Auto.

Eine Welle schwappt übers Deck. Die Männer halten sich fest, wo sie können, rufen Flüche ins Meer hinaus. Hermann kratzt sich am Bauch. Danach hat er angefangen, es sich selber zu machen, heimlich, unter der Dusche. Bis ihn schließlich auch darauf die Lust verließ. Lustlos ist er. Und müde. Immerzu müde. Eine Depression, erklärte der Arzt und verschrieb Tabletten, von denen alles nur schlimmer wurde. Schlecht eingestellt, erklärte Petra und schickte ihn wieder zum Arzt, aber er ging nicht mehr hin. Er blieb bei seinem Bier. Das half wenigstens.

Der Gedanke ans Bier treibt ihm den Schweiß aus der Stirn. Heute nicht, erinnert er sich und nimmt das Handy vom Nachtkasten, öffnet WhatsApp. Öffnet Christians Chatverlauf. Eine einzige Nachricht ist darin, seine. Geburtstagsglückwünsche. Und eine Einladung. Ob sie sich nicht einmal treffen könnten, miteinander reden.

Unter der Nachricht zwei blaue Häkchen, wie schon zu Mittag. Zumindest gelesen hat er sie. Hermann legt das Handy zurück und saugt an dem Tschick. Vielleicht schreibt er ja noch zurück. Manche Dinge brauchen Zeit. Im Fernseher schreien wieder ein paar Männer herum, drinnen in der Koje. Sie streiten. Weshalb, bekommt er nicht mit. Vielleicht will Christian aber auch nicht antworten. Er dämpft den Stummel aus, wartet etwas, ehe er die nächste Zigarette anzündet. Zehn Jahre. Zehn Jahre sind vergangen, seit der Bub ausgezogen ist. Hermann blinzelt seine Augen trocken. Zehn Jahre, seit er den Kontakt zu ihm abgebrochen hat.

Das Radio in der Küche lässt sich nicht einstellen. Immer wieder greift er zum Regler und versucht sein Glück. Die Worte der Nachrichtensprecher zerreißen, zerknistern und zersausen zu einem Schallgewirr, das sich für einige Sekunden zu einem Rocksong ordnet, *Living On A Prayer* von Bon Jovi, nur um dann von irgendeiner steirischen Blasmusik infiltriert zu werden. Bon Jovi und die Bläser erstarken abwechselnd und zerfleddern einander allmählich zu einem gleichförmigen Rauschen, aus dem sich dann und wann kurz ein Waldhornstoß abhebt. Schließlich bringt Hermann Radio Burgenland rein und gibt sich mit leichtem Hintergrundsausen zufrieden. Lieber so als gar nicht. Irgendein Geräusch braucht er immer um sich, lenkt vom Rückenschmerz ab.

Er dreht sich zum Tisch und nimmt sich eine grüne Paprika, schneidet sie langsam in Scheiben, säbelt Speck von der Schwarte. Eigentlich hat er ja gar keinen Hunger, aber im Fernseher läuft nichts Gescheites und schlafen kann er nicht. Nacht drückt gegen das Küchenfenster. Er kaut gerade geduldig auf einer Speckflachse herum, als Petra hereinmarschiert und die Rollo herunterlässt. Sie geht zur

Küchenbudel, nimmt eine Gabel aus der Besteckladе, eine türkise Tupperschüssel aus dem Kühlschrank und beginnt, an die Budel gelehnt, Salat daraus zu essen. Hermann bemerkt ihre geröteten Augen.

»Setz dich her. Bist ja kein Stiefkind.«

Sie zögert kurz, gabelt noch ein Stück Paradeiser aus der Schüssel und setzt sich dann an den Tisch. Schweigend essen sie gemeinsam. Aus dem Radio krächzt John Denver. *Country Roads*. Vielleicht liegt es an der Abstinenz, aber das Schweigen macht Hermann heute unruhig. Er will etwas sagen, vielleicht nach dem Fotoalbum fragen, nein, besser nicht, die roten Augen. Irgendwas anderes.

»Wie war dein Tag?«

Sie runzelt die Stirn, schaut ihn an.

»Gut.«

»Gut?«

»Ja, gut.«

Hermann atmet durch, widmet sich wieder der Jause.

»Na dann.«

Still zergabelt sie ihren Salat. Still zersäbelt er seinen Speck. Petra wirkt jetzt munterer. Immer wieder schaut sie zu Hermann herüber, schluckt schließlich ein Salatblatt und sagt:

»Christian wird heute dreißig.«

Er kaut eine Weile auf einem Stück Speck herum, ehe er antwortet.

»Ach so?«

Petra beißt sich auf die Lippe, senkt den Blick zuerst auf seine Jause, dann auf ihre Salatschüssel. Wieder Schweigen. Zumindest eine Weile.

»Du könntest wenigstens so tun, als würde er dich interessieren.«

Jetzt ist es Hermann, der aufschaut. Petra stochert geschäftig in der Schüssel.

»Interessiert *er* sich für mich? Nein.«

»Wundert es dich?«

Er legt sein Messer ab, presst die Kiefer zusammen.

»Wennst feindselig sein willst, geh wem anderen auf die Nerven.«

Sie antwortet nicht. Er will weiteressen, nach Messer und Speck greifen. Stattdessen knirscht er nur wie betäubt mit den Zähnen.

»Du tust, als wärst eine Heilige, hältst mir immer die gleichen Sachen vor. Dabei bist du damals zu mir gegangen und hast mir zugeflüstert, dass Tschickstummel im Klo schwimmen. Obwohl du ganz genau gewusst hast, wie ich werd, wenn ich trinke.« Petra legt die Gabel weg, schaut ihn an.

»Hast nicht du mir Monikas Art Tag für Tag vorgehalten, gesagt, dass du eine bodenständige Schwiegertochter willst? Du hältst die nicht länger aus. Du hast mich gut genug gekannt, du ...«

Er wird plötzlich still. Fragt sich, ob das eine Rechtfertigung sein soll. Ob irgendjemand rechtfertigen könnte, was er dem Jungen angetan hat.

Seine Stimme senkt sich. Er murmelt fast:

»Gescheiter wär's gewesen, ich hätte mich aufgehängt. Damals schon.«

Eine Träne läuft aus Petras Augenwinkel. Langsam schüttelt sie den Kopf und lacht dabei, ganz leise. Unbeholfen steht sie auf und verlässt den Raum.

Und Hermann bleibt zurück. Allein. Allein mit diesem Hass auf sich. Diesem beißenden, spottenden Hass. Bebend suchen seine Finger nach der Öffnung des Hosensäckels, gleiten hinein und ziehen das Handy heraus. Er kann kaum den Bildschirm entsperren, so sehr scheppert es ihn. Er öffnet Christians Kontakt und drückt die Schaltfläche mit dem grünen Hörer, schnieft und hebt das Handy ans Ohr. Nur eine zweite Chance. Einmal noch in seine Augen sehen und sagen, dass es ihm leidtut. So unendlich leid. Mehr will er doch gar nicht.

Der Lautsprecher piepst einmal. Noch einmal. Dann zweimal schnell. Christian hat aufgelegt.

Hermann senkt das Handy. Hält es eine Weile vor sich und starrt auf den Bildschirm. Dann schleudert er es in Richtung Küchenbudel. Er schreit dabei, schluchzt, flucht, weint. Denkt an den Kühlschrank, ans Bier, nein, nicht heute. Nicht heute, sagt er sich und schiebt die andere Hand in den Hosensäckel, zieht die Schachtel heraus, steckt sich einen Tschick in den Mund. Ein Feuerzeug holt er auch noch heraus, hält es bebend vor die Zigarette und schlägt einen Funken. Schlägt noch einen. Noch einen. Leer. Er wirft es dem Handy hinterher und tastet seine Hose ab, steht auf und sucht die Tischbank, die Laden bei der Küchenbudel ab. Wozu überhaupt weiterleben? Wozu? Liegt denn nirgendwo mehr ein verschissenes Feuerzeug herum?

»Brauchst Feuer?«

Hermann hält inne. Ruhe liegt in Petras Stimme. Sie lehnt im Türrahmen, hält ihm ihr rosa Feuerzeug entgegen. Ihre Wangen glänzen. Verwundert schaut er sie an.

»Ja oder nein?«

Zögernd geht er auf sie zu, nimmt das Feuerzeug behutsam und zündet seine Zigarette an. Er drückt es ihr wieder in die Hand, murmelt ein stilles Danke und setzt sich wieder auf seinen Platz. Petra bleibt in der Tür stehen, steckt sich auch eine an. Wieder schweigen beide, starren Gefühle in den Abgrund zwischen ihnen. Nur Hermanns Schniefen stört ab und zu die Stille.

Irgendwann geht Petra zum Tisch und dämpft ihren Stummel im Aschenbecher aus.

»Du, Hermann …«

Er hebt den Blick.

»Ich muss dir was sagen.«

Einen Tag

1

Zu klein! Valerie umklammert ihr Schneckenheft mit beiden Armen, drückt es an die Brust. Entrüstet schiebt sie die Unterlippe vor und setzt sich vor ihrer *Eiskönigin*-Schultasche aufs Parkett. Elsa, Anna und Schneemann Olaf lachen ihr darauf entgegen. Über ihnen zwängen sich bunt eingebundene Bücher und Hefte in der Öffnung. Viel zu klein ist sie. Müde schimmern die Glitterschneeflocken auf dem Stoff. Letzte Woche konnte Valerie noch kaum die Augen von ihnen lassen, so zauberhaft kam ihr das Funkeln vor. Den Blick auf die neue Tasche gebannt, versprach sie dem Papa bereitwillig, trotz allem brav in die Schule zu gehen. Und jetzt stellt sich heraus, dass nicht einmal alle ihre Schulsachen hineinpassen.

Mamas und Sophies Stimmen schallen vom Nebenzimmer herüber. Lauter und lauter. Valerie springt auf, schlägt den Taschendeckel zu, klettert mit dem Schneckenheft aufs Bett und vergräbt den Kopf unterm Polster. Gerade ihr blau eingebundenes Schneckenheft passt nicht rein, wo sie es doch unbedingt dem Papa zeigen wollte, ihm erklären wollte, dass es nur so heißt, weil die Frau Lehrerin sie am ersten Schultag Schneckenmuster auf die Vorderseite zeichnen hat lassen, und dass sie darin üben kann, wie man Buchstaben schreibt. Sie wollte ihm erzählen, dass sie schon das *M* und das *I* gelernt hat und dass sie schon *Mimi* schreiben kann, wollte ihm verraten, dass Mimi der Name der Puppe auf dem Lesebuch ist, das sie mit allen anderen Büchern in ihrer Schultasche mitgenommen hat.

Zorngeschrei schmettert durch die Wand. Mamas Stimme. Valerie drückt die Polsterenden an ihre Ohren, schnieft. Das alles wollte sie dem Papa zeigen und kann nicht, weil er ihr eine Schultasche gekauft hat, die zu klein ist. Sie wischt sich die Tränen am Leintuch ab.

»Valerie, komm. Wir fahren.«

Zögerlich zieht sie den Kopf unterm Polster hervor. Sophie lehnt im Türrahmen, zusammengepresste Lippen, verschränkte Arme.

»Geht nicht.« Valerie reibt sich die Augen, schluchzt.

»Warum?«

Sie zeigt mit dem Finger auf die Schultasche.

»Mein Schneckenheft passt nicht rein.«

Eisig blitzen die Augen ihrer Schwester. Sie stößt die Schulter vom Türrahmen ab und kommt ins Zimmer. Die rotbraunen Haare, die sonst unbefangen um ihre Schultern wallen, hat sie heute zu einem Pferdeschwanz zusammengezwungen.

»Dann nimmst es halt so mit. Ich trag die Tasche. Schauen wir, dass wir weiterkommen.«

Valerie springt aus dem Bett und trippelt zur Tür, während Sophie nach der Tasche greift und sie mit einem Ruck hochzieht, überrascht aufstöhnt und sie wieder auf den Boden plumpsen lässt.

»Da hebt man sich ja einen Bruch! Was hast denn alles eingepackt?«

»Die Bücher und die Hefte.«

»Welche?«

»Alle halt.«

Ungläubig blickt Sophie sie an. Sie kniet nieder und öffnet die Schultasche, seufzt.

»Kleine, da sind sogar die Lesebücher fürs zweite Halbjahr drinnen. Ich trau mich wetten, ihr habt in der Schule bis jetzt nicht einmal die Hälfte von den Sachen da drin gebraucht.«

»Aber ich will dem Papa alles zeigen.«

»Die Tasche ist zu schwer. Da reißen noch die Nähte, wenn wir die so herumtragen.«

»Aber …«

Valerie senkt den Blick. Schlaff hängt das Schneckenheft in ihren Händen. Sophie, kniend auf Augenhöhe mit ihr, mustert sie still. Kurz wirkt es, als flackerte etwas in ihren Augen, als begänne das Eis darin zu tauen, doch einen Wimpernschlag später steht Sophie schon auf und schaut ernst auf sie herab.

»Na gut. Aber nur heute.«

Jubelnd hopst Valerie ins Vorhaus, wo sie das Schneckenheft auf den Kasten legt und sich ihre Turnschuhe mit den aufgemalten Pferden schnappt. Auf dem kalten Fliesenboden sitzend tüftelt sie an den Schuhbändern herum, während Sophie die Schultasche ächzend an ihr vorbei und die Kellerstiege hinunter zerrt. Als die Knoten so halbwegs halten, springt sie auf, nimmt das Heft wieder in die Hände und ruft zum Wohnzimmer hinüber:

»Mama, wir fahren! Wo bleibst du?«

Die Antwort bleibt aus. Dabei ist sich Valerie sicher, dass die Mama noch im Wohnzimmer ist. Sie will gerade nachschauen gehen, da kommt Sophie plötzlich die Stiege heraufgerannt.

»Warte! Die Mama fährt nicht mit.«

»Aber der Papa hat letzte Woche gesagt, dass sie uns heute fährt.«

»Eh, nur … muss sie für die Uni lernen. Fahren wir.«

Sie packt Valerie am Handgelenk und zieht.

»Au!«

Erschrocken hebt Sophie die Augenbrauen und lockert den Griff.

»Aber dann muss ich ihr noch Tschüss sagen.«

»Da stören wir sie nur. Jetzt komm!«

Einen Moment lang sträubt sich Valerie noch gegen das Zerren ihrer Schwester. Fest umklammert sie das Schneckenheft mit dem freien Arm, gibt dann aber langsam nach.

Die Landstraße windet sich den Bach entlang durch die Au. Valerie rutscht am Kindersitz ein wenig zurück und streckt den Hals vor, um die vorbeihuschenden Felder und Waldstücke zu sehen. Schnell sind sie unterwegs. Ob ein Mensch so schnell laufen kann? Sie wackelt versuchshalber mit den freihängenden Beinen, streckt sie aus und neigt die Turnschuhe ein wenig, um die Pferde darauf zu betrachten. Die bestimmt. Lächelnd reckt sie wieder den Hals und blickt zum Fenster hinaus, stellt sich einen großen, starken Schimmel vor, der neben dem Auto hergaloppiert und über die reflektierenden Pflöcke am Straßenrand springt. Bei jedem Satz glänzt seine Mähne in der warmen Morgensonne.

Sophie bremst abrupt. Der Schimmel stolpert und verschwindet aus Valeries Blickfeld. Sie biegen an einer Kreuzung ab und beschleunigen wieder, fahren in einen Wald. Schatten tanzen über die Windschutzscheibe. Valerie wackelt wieder mit den Beinen und schielt zu Sophie hinüber. Fest hält sie das Lenkrad in beiden Händen und schaut auf die Straße. Ihr Blick wirkt immer noch wie gefroren.

»Ich bin noch nie mit dir mitgefahren.«

Sophie blinzelt kurz, manövriert das Auto stirnrunzelnd über die kurvige Waldstraße. Als sich der Weg wieder zu einer Geraden streckt, antwortet sie:

»Naja, meine Führerscheinprüfung ist auch erst einen Monat her.«

»Fährst du uns jetzt jedes Wochenende zum Papa?«

Wieder dauert die Antwort. Der Kindersitz dämpft einen Schlaglochstoß.

»Nein, das ist nicht so ausgemacht.«

»Was ist denn ausgemacht?«

»Papa und Mama wechseln sich ab. Eine Woche holt er uns ab, eine Woche bringt sie uns zu ihm.« Sie zieht die Augenbrauen noch ein wenig weiter zusammen. »Oder dich. Ich werde nicht jedes Wochenende mitkommen.«

»Warum?«

»So halt.«

Der Wald endet und die Straße schiebt sich zwischen zwei Kukuruzfeldern hindurch. Wieder schaut Valerie aus dem Fenster, Blättergewirr raschelt an ihr vorbei.

»Wann zieht der Papa eigentlich zu uns zurück?«

Sophie verschaltet sich. Der Motor heult auf und bringt den Wagen ins Schleudern, hektisch kurbelt sie am Lenkrad und bringt ihn schließlich wieder unter Kontrolle, fährt dann aber an den Straßenrand und hält an. Kurz schnauft sie durch und blickt dann zu Valerie herüber.

»Was hat er dir leicht gesagt?«

»Dass er eine Zeit lang von daheim wegzieht.«

Regungslos starrt ihre Schwester sie an. Erst nach einer Weile sieht Valerie ihre Zähne leise hinter den Lippen mahlen. Schließlich richtet sie den Blick wieder auf die Straße.

»Eine Zeit lang, hm? Am besten du fragst ihn das selbst.«

2

Mit einem Ruck zieht Sophie die Handbremse an. Noch ehe sie den Motor abgestellt hat, knallt schon die Beifahrertür. Sie blickt der voranrennenden Valerie nach, bis sie hinter den anderen parkenden Autos verschwindet. Die Windschutzscheibe dämpft ihre Freudenschreie. Sophie steigt aus und sieht über die anderen Autos hinweg zu Papas Terrasse in der Reihenhaussiedlung, wo die Kleine ihm gerade in die Arme fällt, er sie hochhebt und auf die Wange küsst. Nüchtern senkt sie den Blick und weicht zwei Schritte vom Auto zurück, beurteilt ihre Leistung. Inzwischen funktioniert das parallele Einparken ganz gut. Respekt hat sie aber immer noch davor. Leicht schräg steht der schwarze Golf am Straßenrand zwischen einem zerfahrenen Fiat Punto und einem weinroten Aixam. Papas weißer Audi führt die Reihe an. Während sie die bleischwere Schultasche vom Rücksitz zerrt, fragt sie sich, was die Leute alles hinter den Trapezblechtoren auf der anderen Seite der Einfahrt verrammeln, dass sie ihre Autos am Straßenrand abstellen müssen. Papa wahrscheinlich sein geheiligtes Motorrad.

Der Golf zwinkert sie kurz an, als sie den Sperrknopf am Schlüssel drückt. Die Tasche über eine Schulter gestreift, trottet sie die Einfahrt hinauf und durch den winzigen Vorgarten, vorbei an wildem Efeu und schnittreifen Thujenhecken zur Terrasse. Valerie sitzt bereits mit dem offenen Schneckenheft auf Papas Schoß und erzählt eifrig von der ersten Schulwoche. Wortlos lässt Sophie die Tasche bei den beiden auf den Boden plumpsen und setzt sich ihnen gegenüber an den Plastikgartentisch. Der Zigarettengestank kratzt in ihrem Rachen. Sie wirft einen Blick auf den übergehenden Aschenbecher zwischen ihnen und rümpft die Nase.

»Ich leere ihn gleich aus.«

Papa schaut ihr über Valerie hinweg in die Augen. Die sonst raue Stimme klingt sanft und vorsichtig. Die Kleine plappert währenddessen unbeirrt weiter vom Lesen und Schreiben.

»Passt schon«, murmelt Sophie und zieht ihr iPhone aus der Hosentasche, tut so, als müsste sie Nachrichten beantworten.

»Grüß dich, übrigens.«

Ein Lächeln huscht über das Gesicht mit dem Dreitagebart. Einzelne Haare silbern bereits.

»Hallo«, antwortet sie, ohne aufzublicken.

»... und es gibt große und kleine Buchstaben, weißt du? Aber die sind nicht einfach nur größer und kleiner als die anderen. Bei dem kleinen i zum Beispiel hat die Frau Lehrerin gesagt, müssen wir immer einen Punkt darüber ...«

»Magst einen Kaffee?«

Wieder diese gekünstelte Stimme. Sophie schüttelt beiläufig den Kopf, tippt am Handy herum.

»Und du, Valerie, bist du durstig? Ich habe Frucade gekauft.«

Beim Wort Frucade hält sie in ihrem Wortschwall inne, schaut über die Schulter dem Vater ins Gesicht und nickt begierig.

»Gut, dann hüpf kurz von meinem Schoß runter.«

Er steht auf, nimmt den Aschenbecher und öffnet die Terrassentür, hält vor dem Hineingehen noch einmal inne.

»Du auch Frucade, Sophie?«

Wieder schüttelt sie den Kopf.

»Wasser, bitte.«

Als er mit zwei leeren Gläsern und einer gläsernen Limonadenflasche wieder herauskommt, zieht Valerie gerade ein Buch nach dem anderen aus der *Eiskönigin*-Tasche.

»Weißt du, Papa, die Schultasche, die du mir geschenkt hast, ist viel zu klein.«

»Ach so?«

»Ja, du musst mir eine neue kaufen. Mit weißen Pferden darauf. Wie auf meinen Turnschuhen, siehst du?«

Sie hebt einen Fuß und neigt ihn hin und her.

»Bist dir sicher, dass …«

»Bitte!«

Er runzelt die Stirn, betrachtet Valerie. Mit großen Augen schaut sie zu ihm auf, und er senkt den Blick auf die fast neue Schultasche. Sophie erinnert sich, wie sehr sich die Kleine letzte Woche noch darüber gefreut hat. Daheim angekommen, packte sie ihre Elsa-Puppe in die Tasche und hüpfte den ganzen Abend lang mit ihr auf den Schultern durchs Haus.

»Mal schauen«, sagt er und geht zur Terrassentür zurück. »Bist diese Woche ja auch brav in die Schule gegangen …«

Jubelnd setzt Valerie das Auspacken fort und Papa verschwindet im Haus. Langsam quietscht die Glastür hinter ihm zu. Sophie senkt das Handy, blickt ihm nach. Wie er ernsthaft darüber nachdenken kann, der Kleinen nach einer Woche schon wieder eine neue Schultasche zu schenken? Als wollte er sich ihre Liebe erkaufen, jetzt, wo er nur mehr einen Tag die Woche für sie dasein kann. Nach kurzem Wasserhahnsprudeln kommt er wieder mit einer Glaskaraffe Leitungswasser heraus, schenkt sich und Sophie Wasser ein und knackt mit seinem Feuerzeug den Kronkorken von Valeries Frucade-Flasche, ehe er sich setzt. Bevor er auch nur Luft holen kann, springt Valerie schon auf seinen Schoß, nimmt ihr Rechenbuch vom Tisch und plappert wie ein Wasserfall von Plusrechnungen.

Sophie nimmt das Glas, trinkt einen Schluck. Kalkigschaler Nachgeschmack. Fast wie bei dem billigen Rotwein, den Mama heimträgt, seit Papa vor sechs Wochen ausgezogen ist. Heute Morgen konnte man sie kaum noch ansprechen. Im Fernseherlicht lag sie schnarchend auf der Couch, ein Weinglas und ein leerer Doppler neben einem Stoß Gesetzesnovellen auf dem Wohnzimmertisch. Nach bitteren Trauben stank es und nach Schweiß, als Sophie hineinkrachte und die Rollo hochzog, alle Fenster aufriss. Mama presste nur die Augenlider zusammen und wälzte sich zur Couchlehne hin. Ob sie gestern Abend auch nur eine Seite gelernt habe und wie sie die Kleine in dem Zustand überhaupt zum Papa fahren wolle, fragte Sophie und bekam nur ein Grunzen zur Antwort, auf ihr Nachhaken hin ein Nuscheln und schließlich doch einen ganzen Satz: »Der braucht sie nicht mehr sehen.«

Daraufhin begann Sophie mit ihr zu diskutieren, wenig später zu streiten und noch ein wenig später zu schreien, bis sie sie schließlich still eine Rabenmutter nannte und den Raum verließ, um Valerie selbst zu fahren.

Ein Windstoß schlägt eines der Hefte auf dem Tisch auf und blättert es mit unsteter Eile durch. Sophie schaut dem Schauspiel eine Weile benommen zu, steht dann auf und holt sich ihren neuen Roman aus dem Auto. Zurück im Terrassenschatten fällt ihr auf, wie heiß die Sonne für die Tageszeit schon herunterbrennt. Ihr Blick geht hinauf. Zwei, drei Schäfchenwolken grasen am Himmelblau.

Sophie schlägt ein Bein übers andere, lehnt sich zurück und öffnet das Buch *Alles über Sally* von Arno Geiger. Ruhig atmend beginnt sie zu lesen und versucht das Hier und Jetzt zu vergessen, nimmt es nach ein paar Zeilen tatsächlich nur mehr wie durch eine Glaswand war. Stumm plappern Valeries Lippen über dem Lesebuch mit der Puppe auf der Titelseite. Stumm kommentieren die von Papa ihre Schilderungen. Stumm lauscht Sophie Seite für Seite den Sorgen der Protagonistin. Sorgen, die von den eigenen ablenken.

Sophie legt einen Finger auf die Zeile, klappt das Buch darüber zu, lehnt sich am Plastiksessel ein wenig vor und zupft sich mit der freien Hand das schweißklebrige Leiberl vom Rücken, fährt unter den Stoff und rückt den BH zurecht. Heiß ist es geworden. Und schwül. Sie schaut zu den grauenden Hammeln empor, zu denen die Schäfchenwolken inzwischen angewachsen sind.

Schon nach der Pizza zu Mittag hatte die Luft feuchtschwer gerochen. Papa hatte die Essensreste in eine der leeren Schachteln gelegt und vorgeschlagen, zum Spielplatz zu gehen, bei dem schönen Wetter. Sophie lehnte ruhig ab, Valerie hingegen sagte aufgeregt zu, worauf Papa das Trapezblechtor beim Garagenblock auf- und sein Motorrad herausschob.

Staunend stand Valerie an seiner Seite, während er am Motor seiner karminroten 125er Puch herumfummelte. Dreimal drückte er den Kickstarter durch und gab dann im Leerlauf immer wieder vorsichtig Gas, damit die Maschine nicht zu husten beginnen und absterben würde. Als sie schließlich ohne sein Zutun rund lief, saß er auf und hob Valerie vor sich auf den Sattel. Ohne Helm und Schutzjacke knatterte er mit ihr davon – sind ja nur ein paar Hundert Meter zum Spielplatz. Mama würde poltern, wenn sie davon erführe, würde die Sache vielleicht als Vorwand für einen Sorgerechtsstreit benutzen, also wird Sophie darüber schweigen. Auch wenn es sie genauso ärgert.

Sie klappt das Buch wieder auf und liest schleppend weiter. Sonst saugt sie Geigers Bücher auf wie ein trockener Schwamm, hier fehlt ihr allerdings seine philosophische Ader, die absatzweisen Reflexionen über Welt und Sinn, und auch die Protagonistin ist ihr nicht sonderlich sympathisch. Im Gegenteil, als herauskommt, dass sie Ehebrecherin ist, beginnt sie Sophie anzuekeln. Bei einer Sexszene hält sie es schließlich nicht mehr aus und wirft das Buch auf den Tisch. Es rutscht über die ausgeblichene Plastikfläche und fällt auf der anderen Seite hinunter aufs Terrassenpflaster.

Warum man so etwas noch rechtfertigt, fragt sie sich, warum man so etwas überhaupt tut? Alles hat er gehabt, ein Haus mit einer Garage, groß genug für Auto und Motorräder, einen Garten, in dem mehr wächst als zwei Thujen und Efeu. Seine zwei Kinder hat er in der Nähe gehabt und seine Frau, die ihn liebgehabt hat, bis zum Schluss, auch wenn es die letzten Jahre schwierig und oft zum Streiten war. Aber deswegen alles hinschmeißen? Einfach von einem Tag auf den anderen die Sachen packen, das Motorrad auf den Anhänger gurten und wegfahren? Ohne zu sagen warum, sodass Mama sich in ihrem Zimmer einsperrte und den ganzen Tag nur noch weinte, sodass Valerie immer wieder an die Zimmertür klopfte und fragte, wo der Papa denn hin sei. Keine Antwort kam aus dem Zimmer, nur Schluchzer. Irgendwann lief die Kleine dann selbst weinend aus dem Haus und klammerte sich an Sophie, die still vor der leeren Garage saß und bis in den Abend hinein ihre Ratlosigkeit zur Einfahrt hinausstarrte.

Sophie zwinkert sich die Augen trocken. Nicht nachgeben. Langsam und tief atmet sie durch und steht auf, kniet sich aufs raue Pflaster, um das Buch aufzuheben. Unterm Tisch liegt eine leere Zigarettenschachtel, wahrscheinlich vom Wind heruntergefegt. Sie hebt sie auch auf, setzt sich wieder auf den ächzend nachgebenden Sessel und legt das Buch auf den Tisch. Seit sie sich erinnern kann, raucht ihr Vater rote Marlboro, diese Schachtel ist aber weiß. Über dem Schockbild, einem Hals mit Luftröhrenschnitt, steht in schlanken Buchstaben Winston White. Nikotinarme Zigaretten. Frauenzigaretten.

Der Donner grollt dem eintreffenden Motorrad hinterher. Schafe sind am Himmel keine mehr zu erkennen, nur ein unförmiges, dunkles Gemenge, vielleicht die zusammengescharrten Überreste einer verendeten Herde. Ehe Papa die Maschine in die Garage stellt, hebt er Valerie vom Sitz. Sie läuft aufgeregt zu Sophie auf die Terrasse und erzählt, dass sie jetzt *Eiskönigin* auf Disney Plus anschauen, ob sie denn mit ins Wohnzimmer wolle. Ohne vom Buch aufzublicken, lehnt Sophie ab. Sie hat es zur Ablenkung wieder in die Hand genommen, die schlimmeren Kapitel übersprungen.

Regentropfen klatschen bereits vereinzelt auf das Blechvordach der Terrasse, als Papa zu ihnen stößt. Freundlich grüßt er Sophie, ehe die beiden hineingehen und den Fernseher einschalten. Bald schon trällern Elsas und Annas Stimmen ins anschwellende Regenprasseln, und eine Weile später kommt Papa mit dem Aschenbecher in der Hand zu Sophie heraus.

»Wie wenn der Film sie hypnotisieren würde«, erklärt er lächelnd und setzt sich, stellt den Aschenbecher auf den Tisch. »Sitzt da und schaut reglos ins Kastl. Vielleicht gefällt ihr die Schultasche nach dem Film ja wieder besser.«

»Mhm.«

Sophies Blick haftet weiter am Buch, obwohl sie nicht mehr liest. Papa raucht sich ruhig eine Zigarette an.

»Wie geht's dir beim Fahren? Das parallele Einparken haut schon super hin, hab ich gesehen.«

»Gut.«

»Weißt eh, wenn ihr beim Auto irgendwo Hilfe braucht, könnt ihr mich jederzeit anrufen. Pickerl und Service kriegt ihr weiter gratis bei uns in der Werkstatt. Das werd ich schon regeln.«

»Jaja.«

Die Mundwinkel des Vaters sinken langsam, er macht einen Lungenzug und schnippt das Verrauchte in den Aschenbecher.

»Du, Sophie«, seine Stimme klingt wieder etwas gewohnter, tiefer und rau, »ich versteh, dass du dir mit dem Ganzen schwertust. Aber ich wär dir dankbar, wenn du zumindest für ein paar Minuten normal mit mir reden könntest.«

Sie tut weiterhin, als würde sie lesen, betrachtet in Wahrheit die vom Buch verborgene Zigarettenpackung auf ihrem Schoß. Ihre Daumennägel pressen Kerben ins Papier.

»Ich hab's momentan auch nicht leicht. Trotzdem versuche ich's euch nicht spüren zu lassen.« Wieder macht er einen Zug, »Anstand zu zeigen.«

Genug. Sie klappt das Buch zu, legt es zur Seite und wirft Papa die leere Zigarettenschachtel zu.

»Warum warst dann nicht so anständig und hast uns von *ihr* erzählt?«

Er mustert die Packung, öffnet den Mund, blinzelt.

»Aber kränk dich nicht. Sonst bist eh recht anständig gewesen. Lächelst mir höflich zu und bietest Kaffee an, als wäre ich irgendein g'schissener Verwandtschaftsbesuch, den man einmal im Jahr aus, ja, Anstand einlädt.«

»Sophie.«

»Als ich dir letzte Woche gesagt hab, dass ich nicht mehr kommen mag, hast gemeint, du willst nicht, dass sich wegen der Scheidung für uns was ändert. Sag, wieso verhältst du dich uns gegenüber dann, als wären wir irgendwelche Geschwisterkinder und nicht deine eigenen?«

»Jetzt halt einmal die Luft an!«

Sophie stutzt, schluckt. Papa richtet sich am Sessel etwas auf und dämpft die halbverrauchte Zigarette aus.

»Ich könnt auch ehrlich sein mit euch und von meinen Problemen reden. Nur haben die im Moment viel mit eurer Mutter zu tun, und da will ich euch nicht mit reinziehen.« Sein Blick wandert die Einfahrt hinunter zum Golf. »Ihr ist das ja herzlich wurst.«

»Aha, und wieso?«

»Wieso?« Er holt Luft, kaut auf der Unterlippe. »Hast du Valerie heute freiwillig hergebracht oder war da was mit der Mama?«

Sie schweigt.

»Denk ich mir.« Kühl trommelt der Regen dahin. »Würde ich so anfangen, tät's gleich Anwalt und Sorgerecht heißen.«

So arm, will sie ihn anschnauzen. Direkt zu bemitleiden, so bösartig wie Mama ihn behandelt. Ein Wunder, dass er keine Dankbarkeit dafür verlangt, sie stehengelassen zu haben. Anspucken würde sie ihn am liebsten, doch der Zorn spannt ihre Kiefer aufeinander, und ehe sie den Mund aufbekommt, vibriert sein Handy zweimal kurz in der Hosentasche.

Peinlich berührt ignoriert er es. Sophie nimmt ihres in die Hand und wirft einen Blick auf die Uhr.

»Wir sind eh schon länger da als ausgemacht. Valerie muss morgen in die Schule.« Sie steckt es ein und steht auf. »Schreib deiner Geliebten, sie kann sich schon auf den Weg machen.«

Papa krampft die Finger um die Armlehnen und versucht sich zwischen zwei Atemzügen den Unmut aus den Augen zu blinzeln, während Sophie durch die Terrassentür ins Wohnzimmer geht und Valerie anweist, sie solle ihre Sachen zusammenpacken. Verunsichert wendet die Kleine ihr den Blick zu, rutscht ein Stück auf der Couch zurück und schüttelt den Kopf.

»Die DVD haben wir auch. Du kannst den Film daheim fertigschauen.«

»Nein, ich will nicht.«

»Komm, jetzt führ dich nicht so …«

»Nein!«

Sophie zuckt zusammen. Der Schrei schrillt in ihren Ohren nach. Valerie drückt sich mit dem Rücken an die Couchlehne und zieht die Beine an die Brust, die sich beunruhigend schnell hebt und senkt. Benommen steht Sophie da, bis Papa ihr die Hand auf die Schulter legt.

»Fahr einmal vor. Ich red in Ruhe mit ihr und bring sie nach.«

Sophie blickt zwischen Papa und Valerie hin und her, öffnet den Mund, will etwas sagen. Stürmt dann aber wortlos zum Auto hinaus.

3

Kann ich schon vorbeikommen? (17:04)

Halloo? ;)(17:25)

Die Kinder sind noch bei dir, oder? (17:43)

Stefan beantwortet die Nachrichten nicht. Er schließt WhatsApp, schaltet den Bildschirm aus und legt sein Handy über Valeries Schneckenheft auf den Gartentisch, zündet sich eine neue Zigarette an. Die fünfte in Folge. Der Sturzregen ist etwas abgeschwollen und das Blechtrommeln auf dem Vordach inzwischen leise genug, um die Fernsehstimmen von drinnen deutlich mitzuverfolgen. Nachdem er *Eiskönigin* inzwischen öfter gesehen hat, als er mitzuzählen bereit war, weiß er von dem, was er hört, dass der Film ungefähr zur Hälfte vorbei ist. Er schaltet noch einmal den Handybildschirm ein, macht einen Lungenzug. Zehn vor sechs. Um fünf hätte Valerie daheim sein sollen.

Anstatt das Handy wieder hinzulegen, googelt er einen Onlineshop für Puch-Ersatzteile, sucht nach einem elektronischen Regler. Der bei seiner 125er gehört eingestellt oder er ist hin. Das Abblendlicht saugt beim Fahren mehr Strom, als die Lichtmaschine produziert. Früher oder später stirbt sie bei jeder Ausfahrt ab und er kann am Straßenrand schieben. 119 Euro pro Stück, steht da. Mal schauen, ob das Einstellen was hilft.

Er zieht den Glutring zum Filter und dämpft die Zigarette aus, greift notorisch zur Schachtel, reißt sich dann aber zusammen. Unruhig lauscht er dem Singsang von Schneemann Olaf im Wohnzimmer. Eigentlich wollte er gar nicht rauchen, solange die Kinder da sind. Eigentlich. Wieder startet er einen Ablenkungsversuch, scrollt ziellos durch den Onlineshop. Seine Puch DS-50 hat dasselbe Problem gehabt, da war der Regler tatsächlich hin.

Er denkt an das pastellfarbene Moped, die verchromten Speichenfelgen und die Reifen mit Weißwandstreifen, die er damals selbst aufgezogen hat. Anfangs war sie ein Rosthaufen gewesen, so wie die 125er. Nachdem er sie dann aber hergerichtet hatte, wusste er nichts mehr damit anzufangen und verkaufte sie wieder. Das Fahren allein gab ihm nichts. Er wollte murksen, mit seinen Händen arbeiten.

Den Kopf freikriegen. Frei vom Stress in der Werkstatt, von den ständigen Geldsorgen und den Streitereien mit Evi, die mit jedem Semester ihres Jusstudiums überheblicher wurde. Er solle was aus sich machen, sagte sie ständig, das Zeug habe er ja dazu. Den KFZ-Meister und dann in die Selbstständigkeit. Trau dich mal was.

Unwillkürlich greift er wieder nach der Schachtel und raucht sich eine an, ärgert sich sogleich darüber. Trau dich mal was! Lässt sich leicht sagen, wenn der Mann Haus und Kinder bezahlt. Ihre späte Selbstfindung hatte er mit gutem Gewissen unterstützt, weil er sie liebhatte.

Er fasst sich an die Schläfen. Ja, irgendwie auch immer noch hat. Zumindest als Mensch und Mutter. Weniger als aufstrebende Juristin. Nach ein paar Semestern hatte Evi begonnen, abends im Bett von Politik und irgendwelchen rechtsphilosophischen Gedankenspielen zu erzählen, die zu kompliziert für Stefan waren. Sie deutete sein Unverständnis als Ignoranz, sagte, er solle ihren Ehrgeiz nicht belächeln, nur weil er im Leben keinen zeige. Immer häufiger wurden sie, diese Streitereien, und Gespräche immer seltener. Sex gab es dann und wann immer noch. Selbst nachdem die neue Kollegin vom Verkauf angefangen hatte, ihm in der Arbeit zuzulächeln.

Wieder dämpft er die Zigarette aus, zerdrückt die leere Schachtel in der Hand und lässt sie fallen. Er steht auf, steckt das Handy ein und geht an der *Eiskönigin*-Tasche vorbei ins Wohnzimmer, setzt sich zu Valerie auf die Couch. Die Kleine starrt weiterhin auf den Bildschirm, kuschelt sich nach einer Weile aber wortlos an seine Seite. Müde lächelt er und legt den Arm um sie.

Wieder vibriert das Handy. Stefan ignoriert es. Warum kann sie keine Ruhe geben? Über den Bildschirm läuft bereits der Abspann. Valerie regt sich allerdings nicht. Immer noch liegt sie in seinem Arm. Er atmet durch, setzt sich langsam auf.

»So …«

»Ich will den Film nochmal anschauen.«

»Valerie …«

»Bitte!«

Er fährt ihr mit der Hand durchs rotbraune Haar. Evis Haar.

»Ist schon spät. Morgen musst du wieder in die Schule.«

Sie schneidet eine trotzige Grimasse, verschränkt die Arme.

»Ich hasse Schule.«

»Vorhin hast mir noch erzählt, was ihr dort für tolle Sachen lernt.«

»Aber ich mag nicht.«

Stefan lehnt sich vor, steht langsam auf.

»Komm, ich bring dich heim zur Mama.«

»Ich will bei dir bleiben!«

Ich ja auch, denkt er.

»Das geht leider nicht. Du brauchst die Mama genauso.«

»Nein.«

»Warum?«

»Die schreit nur mehr mit uns.«

Stirnrunzelnd geht er in die Hocke und nimmt Valeries Hände in seine.

»Weißt du, sie tut sich auch schwer damit, dass ich ausgezogen bin …«

»Und wann ziehst du wieder zurück?«

Schweigen. Stefan lässt ihre Hände los, setzt sich wieder zu ihr auf die Couch.

»Ich hab dir ja gesagt, dass ich jetzt einmal eine Zeit lang –«

»Aber die Mama weint jeden Tag und ist zornig, weil du nicht da bist.«

Kurz öffnet er den Mund, schließt ihn wieder, schluckt. Und starrt eine Weile vor sich hin.

»Ich werd nicht mehr zurückziehen.«

Unverwandt schaut Valerie ihm in die Augen. Er hält ihrem Blick nicht stand und senkt seinen wieder, während sie zurückrutscht. In eine Ecke der Couch drückt sie sich, nimmt einen Polster und umklammert ihn vor der Brust.

Augenblicke verklingen, ehe sie allmählich zu weinen anhebt. Stefan will sie wieder in den Arm nehmen, trösten. Ihr sagen, dass ihn reut, was er ihr angetan hat, ihr und Sophie. Dass ihm allein vom Gedanken, sie erst in einer Woche wiedersehen zu können, schlecht wird vor Angst. Stattdessen starrt er nur seinen Selbsthass in den Laminatboden.

Handyklingeln mischt sich in Valeries Schluchzen, und mit einem Mal spannt sich Zorn in Stefans Brust. Das hat er jetzt noch gebraucht. Nicht einmal den einen Tag mit seinen Kindern kann sie ihm lassen. Er zieht das Handy aus dem Säckel, um das Klingeln wegzudrücken und hält inne, als er sieht, dass nicht seine Freundin, sondern Evi anruft.

Ein weiterer Blick verrät ihm die Uhrzeit. Halb acht. Sie wird toben. Toben und wüten und ihn durchs Handy anschreien, dass sie es jetzt wirklich durchzieht mit dem Sorgerechtsstreit. Dass gleich die Polizei bei ihm klingelt, wenn er die Kleine nicht sofort heimbringt.

Er drückt ab, steckt das Handy ein und hebt die weinende Valerie hoch. Strampelnd und tretend wehrt sie sich.

»Lass mich!«

»Wir fahren jetzt.«

Über die Terrasse trägt Stefan sie zur Einfahrt hinaus, während sie weiter um sich schlägt und plärrt. Sophie hat er schon verloren, bitte nicht Valerie auch noch. Nicht seine Kleine. Als er eine Watsche kassiert, packt er sie am Arm, und sie beginnt wie wild zu kreischen. Ein Nachbar geht gerade mit seinem Regenschirm die Einfahrt herauf und starrt sie beide an.

»Pscht. Pschscht! Valerie!«

»Du tust mir weh!«

Stefan öffnet die Beifahrertür seines Audis und will Valerie hineinsetzen. Sie spreizt sich aber gegen den Türrahmen und beginnt wieder zu kreischen. Der Nachbar steht immer noch in der Einfahrt und schaut. Langsam weiß Stefan sich nicht mehr zu helfen.

»Wennst so weitertust, sehen wir uns bald gar nicht mehr!«

Valerie verstummt. Ein Tinnitus hebt in seinen Ohren an, und ein paar Atemzüge später hört er wieder die Regentropfen auf den Asphalt nieseln. Sein Gewand ist nass. Valeries Haare auch. Dunkel kleben ihr die Strähnen an der Stirn. Schlaff hängt sie jetzt in seinen Händen und lässt sich widerstandslos auf den Kindersitz setzen. Leer stieren ihre geröteten Augen vor sich hin, während er sie angurtet, die Tür schließt, ums Auto geht und sich ans Steuer setzt. Er startet und schaltet das Abblendlicht ein. Es dämmert schon.

Stetig quietschen die Scheibenwischer übers verschlierte Glas. Sie fahren schon eine Weile, als der Druck auf Stefans Brust nachlässt. Immer wieder schielt er zu Valerie hinüber, murmelt eine Entschuldigung oder versucht halblaut, sein Verhalten von eben zu erklären. Sie reagiert nicht.

Beim Haus stellt Stefan dann den Motor ab. Valerie macht allerdings keine Anstalten auszusteigen. Er versucht gar nicht erst, etwas zu sagen, sondern steigt aus, hebt sie aus dem Kindersitz und trägt sie zur Haustür, klingelt. Sein Herz beginnt wieder zu hämmern.

Dumpfe Stimmen. Schritte. Das Schloss knirscht auf und Sophie öffnet die Tür. Als Valerie ihre Schwester sieht, erwacht sie plötzlich wieder zum Leben, klammert sich fest an sie, als diese sie in die Arme nimmt. Sophie sieht Stefan an, als würde sie auf etwas warten.

»Wo ist die Schultasche?«

Stefan hebt erschrocken die Augenbrauen, denkt an das Schneckenheft auf dem Terrassentisch.

»Ich … ich …«

»Die Mama wird sich freuen.«

Das ist alles, was sie sagt, ehe sie die Tür schließt.

Wirklich

1

Ein Ruck, ein dumpfer Aufprall und dann noch einer, als Erich den Kofferraumdeckel über seinem Reisekoffer zuschlägt. Er tritt einen Schritt zurück und betrachtet die drei Koffer hinter der vom Heizdraht durchäderten Rückscheibe, zwei von Ilse und einer von ihm, bis sich das Innenlicht dimmt und still ausgeht. Dabei hat er ihr noch gesagt, dass sie die Hälfte von dem Klumpert nicht brauchen würde. Er hebt die Hand und wirft im Licht der Gartenlaterne einen Blick auf die Uhr, kneift die Augen zusammen. Halb zehn? Noch eine Stunde bis zur Abfahrt.

An eine Säule des Carports gelehnt, schaut er in den nachtschwarzen Garten, lauscht den Grillen und dem Wind, der über die Weinrosenhecke streicht und erste Nieseltropfen auf das Sandsteinpflaster wirft.

Er konzentriert sich darauf, um das Schluchzen über ihm auszublenden. Vergeblich. Sein Blick wandert von der Zufahrt hinauf zu einem gekippten Fenster, aus dem ein schwacher Lichtschein sickert. Immer wieder dringt ein stilles Wimmern daraus hervor.

Gerade heute Abend hat die Kleine Schluss machen müssen. An seiner Wange kauend, schlurft er zum Audi zurück, öffnet die Fahrertür und zieht kurz an dem Hebel unterm Lenkrad, um die Motorhaube zu entriegeln. Nach Kroatien mitnehmen kann er sie jetzt nicht mehr. Das Hotel ist ausgebucht. War schon ein Glück, dass er und Ilse überhaupt noch ein Zimmer erwischt haben. Er bückt sich unter die

Motorhaube und fingert ein gebrauchtes Taschentuch aus dem Hosensäckel, zieht den Ölstandmesser etwas aus seiner Scheide, legt den Zellstoff um das Blech, zieht es einmal komplett heraus und schiebt es wieder hinein. Wegen ihr daheimzubleiben ist für ihn auch keine Option. Das bisschen Freizeit im Jahr, das ihm die Praxis lässt, wird er sicher nicht für eingebildeten Liebeskummer aufopfern. Beim zweiten Mal schmiert er mit dem Taschentuch nur bis kurz vor die Spitze. Ölstand passt. Kühlflüssigkeit auch. Wenn er erst morgen tagsüber wegfährt, steht er die halbe Fahrzeit lang im Grenzstau. Er legt die Stütze um, senkt die Motorhaube bis kurz über den Riegel und lässt sie dann zuscheppern. Nur was soll er mit ihr tun? Seine Hand schließt sich langsam um das ölverschmierte Taschentuch. Reden?

»Warst du schon bei ihr?«

Ilse senkt das iPad, schüttelt den Kopf. Bilder von Novigrads Küste blauen in das lichtlose Wohnzimmer.

»Sie will mich nicht reinlassen.«

Wieder kaut Erich an der Wange, stiert leer ins Bildschirmlicht. Macht dann kehrt und geht durch den Gang zu Magdas Zimmertür, klopft an.

»Geh weg!«

Er schluckt, atmet durch. Öffnet die Tür einen Spalt weit. Sie kauert auf dem Bett, die Arme um die Knie geschlungen. Um sie verstreut liegen gebrauchte Taschentücher.

»Darf ich reinkommen?«

»Nein!«

Er öffnet die Tür dennoch ganz, tritt vorsichtig ins Zimmer und schließt sie hinter sich. Magda protestiert nicht weiter. Still wimmert sie in ihren Schoß hinein, so als würde die Trauer ihre gesamte Willenskraft fordern. Vorsichtig setzt sich Erich zu ihr aufs Bett, schaut in ihr von Tränen und Schminke zerschliertes Gesicht.

Zögernd öffnet er den Mund, schließt ihn wieder, lässt den Blick über die hellrosa Zimmerwand schweifen, vorbei am Schreibtisch mit dem MacBook und überquellenden Bücherregalen zu der Stelle, wo seit Magdas sechstem Geburtstag eigentlich eine lebensgroße Prinzessin Lillifee die Wand ziert. Inzwischen steht davor ein Kleiderschrank, Robinienoptik.

»Wir sollten dein Zimmer mal neu ausmalen.«

Magda regt sich, schluchzt. Auf den Schranktüren kleben allerlei Fotos. Bilder von Schulfreunden aus dem Gymnasium, von den ersten Discobesuchen und natürlich von ihr und Jonathan. Lachend unter Freunden. Hand in Hand beim Spazieren im Wald. Und ein Selfie im Kuss.

»Nach – nach einer Zeit wirst schon sehen, für was das alles gut war.«

Wind pfeift kühl durchs Fenster. Der Nieselregen schwillt etwas an.

»Das sagst du ja nur, weil du ihn nicht hast leiden können.«

Sein Blick zischt vom Schrank zu Magda. Er streckt den Rücken durch, beißt sich in die Wange.

»Wie kommst du darauf?«

»Du hast mich oft genug wissen lassen, dass er dir nicht zu Gesicht steht.«

Eisengeschmack auf der Zunge. Die Wangeninnenseite ist vom Kauen bereits wund.

»Und das wundert dich nach der Aktion heute noch?«

»Das klingt schon eher nach dir.«

Er springt auf, hebt die Stimme.

»Also bin ich jetzt der Böse? Er hat ja unbedingt mit seinen Proletenfreunden saufen gehen müssen!«

»Red nicht so über sie. Du kennst sie ja nicht einmal!«

»Schulabbrecher und BFI-Lehrlinge, was willst mir da noch erzählen?«

»Weißt du was, du bist ein Arschloch.«

Er dreht sich um und reißt die Bilder von Jonathan vom Kleiderschrank, wirft sie auf den Boden.

»Hör auf!«

»Und was ist *der* dann?«, schreit er und steigt auf die Fotos. »Wenn's nach dem ginge, wärst wahrscheinlich schon schwanger und zu ihm gezogen! Kannst eh machen. Der große Koch mit seinem super Kollektivgehalt wird euch schon versorgen, wenn du dann dein Studium wegen ihm verscheißt.«

Jetzt springt auch Magda aus dem Bett und baut sich vor ihm auf, so gut sie kann.

»Schleich dich aus meinem Zimmer!«

»Was sonst?«

»Sonst mach ich's wie Rebecca, sobald ich achtzehn bin. Den Scheiß mit dir hab ich nicht mehr notwendig.«

Er stutzt. Zieht Luft durch die zusammengepressten Zähne. Und senkt die Stimme.

»*Dein* Zimmer, *mein* Haus. Und *dein* Bursche mit seinem Proletenkapperl steigt sicher nicht mehr über *meine* Türschwelle.«

Erich macht kehrt und stürmt aus dem Raum, ignoriert, wie seine Tochter ihm theatralisch »Jawohl, Herr Doktor! Wie Sie wünschen, Herr Doktor!« hinterherruft, und schlägt die Tür hinter sich zu.

Der Knall verhallt, und er steht im finsteren Gang. An seiner Schläfe pocht es wie wahnsinnig, und er braucht einige Atemzüge, um sich wieder zu fassen. Dann dreht er das Licht auf und geht vorsichtig zur Wohnzimmertür.

Drinnen ist es immer noch dunkel. Nicht einmal das iPad leuchtet mehr auf Ilses schweigendem Gesicht, dessen Konturen er schummrig im Raum erkennt. Dennoch sieht er ihren Gesichtsausdruck klar vor sich. Verängstigt und hilflos, wie jedes Mal. Er schluckt und zwinkert sich verlegen die Augen trocken.

»Steh auf. Wir fahren.«

2

Still ist es am Stehtisch, begräbnisstill. Daran ändert auch die Tatsache nichts, dass sie sich nahe am Übergang zwischen Discothek und Schlagerstadl befinden und in den Knochen vibrierende Bass Drops abwechselnd mit harmonikabegleiteten »Hurra die Gams!«-Rufen über sie hinwegdröhnen.

Kofi stützt die Stirn in die Hand, fährt mit den Fingern durch sein filziges Haar und blinzelt nachdenklich dem letzten Rest Cappy-Wodka in seinem Glas entgegen. Der scharfe Geruch reizt seine Nase, und er blickt wieder auf. Am Tisch hat sich nichts verändert.

Phips steht über sein Handy gebeugt, auf dem er *Temple Run* oder etwas in der Art spielt. Mit dem Zeigefinger der einen Hand wischt er immer wieder hektisch über den Bildschirm, während er am Daumennagel der anderen kaut. Kofi hätte ihm am liebsten eine über den Hinterkopf gezogen und gesagt, er solle zumindest so tun, als zeige er Mitgefühl. Wie immer begreift er den Ernst der Lage nicht.

Sein Blick gleitet weiter zu Joe, der sich seit einer dreiviertel Stunde lustlos mit einem Bierdeckel spielt. Von dem Glas Cappy-Wodka, unter dem der Deckel eigentlich liegen sollte, hat er noch keinen Schluck getrunken. Sein Gesicht graut düster im Schatten seiner Snapback-Kappe. Die sonst rosigen Wangen wirken blass und träge.

Kofi seufzt, schaut wieder zu Phips hinüber, beißt sich zögernd in die Unterlippe. Und schnappt das Handy aus seiner Hand.

»Alter, nicht! Ich hab schon dreitausend Golddublonen!«

»Dann wissen wir schon, wer die nächste Runde zahlt!«, ruft Kofi grinsend zurück und lehnt sich mit dem Handy in der Hand zu Joe. »Schauen wir mal, was der Phips so mit seiner Mama schreibt.«

Phips reißt die Augen auf, lehnt sich über den Tisch und schnappt panisch nach dem Handy, das Kofi immer wieder vor seiner Hand zurückzieht, während er WhatsApp zu öffnen versucht. Als Kofi allerdings bemerkt, dass Joe nicht auf den Spaß einsteigt, überlässt er Phips das Handy wieder. Hektisch zieht es dieser an sich, funkelt Kofi noch einmal misstrauisch an und beginnt wieder zu spielen.

Joe runzelt nur die Stirn und reißt weiterhin gedankenverloren kleine Stücke von dem Bierdeckel. Eigentlich ist er der Unterhalter in der Runde. Derjenige, der für die Lacher sorgt und die Gespräche und den Abend am Laufen hält. Kofi fühlt sich dieser Aufgabe nicht gewachsen.

Wieder seufzt er, senkt den Blick und presst die Kiefer aufeinander. Steht dann auf und geht in Richtung Bar. Eine Runde bestellt er noch, diesmal etwas Stärkeres. Nüchtern hält das ja keiner aus.

An der Bar riecht es nach Schweiß und Alkohol. Mädchen in kurzen Kleidern und Jungen mit oben aufgeknöpften Hemden drängen sich an der Budel und bewegen scheinbar lautlos ihre Lippen. Der Bass verschluckt die Bestellungen, ehe sie an die Ohren der hektisch umherschwirrenden Barfrauen dringen. Ihre weißen Blusen leuchten im UV-Licht, wodurch die nassen Flecken unter ihren Achseln unschön auffallen. Kofi zwängt sich in eine enge Lücke und lehnt sich an, stellt sich auf eine ordentliche Wartezeit ein.

Links von ihm stehen zwei Burschen in Kapuzenwesten, die Ärmel hochgekrempelt. Der Entferntere schnippt das Verrauchte seiner Zigarette in einen Aschenbecher, stößt seinen Freund kurz mit dem Ellbogen an und deutet mit dem Kopf in Kofis Richtung. Er lässt sich weiter nichts anmerken. Die meisten hier in der Disco kommen aus den umliegenden Dörfern und kennen ihn seit Jahren, doch immer wieder verirren sich Auswärtige hierher und begaffen ihn seiner schwarzen Haut wegen.

Die beiden stecken kurz grinsend die Köpfe zusammen. Kofi versteht nicht, was sie sagen, der Junge neben ihm zupft sich allerdings die hochgekrempelten Ärmel zurecht und beginnt ihn provokant anzustarren. Als Kofi den Blick nach ein paar Minuten genervt erwidert, stülpt dieser die Unterlippe über und legt die Zunge vor die Oberlippe. Der Rauchende lehnt sich an ihm vorbei zu Kofi herüber und ruft:

»Hat fast so dicke Lippen wie du!«

Kofi wendet sich ab, hält ungeduldig nach einer freien Barfrau Ausschau. Die beiden neben ihm lachen einander zu und gaffen ihn weiter an.

»He, Großer! Die haben keinen Bananenschnaps!«

Er reagiert nicht.

»Du nichts sprechen deutsch?«

»Halt die Pappen.«

Die zwei zucken erstaunt zurück, blicken einander kurz an und beginnen wieder zu grinsen.

»Der Neger redet ja wie ein richtiger Österreicher!«

Kofi will sich gerade umdrehen und gehen, da steht plötzlich Joe hinter ihm. Er fasst Kofi an der Schulter und beugt sich zu einem der Kapuzenwestentypen:

»Was hast du grad zu meinem Freund gesagt?«

Dieser wirkt nicht sonderlich eingeschüchtert, fasst Joes Kappe sachte an der Krempe und zieht sie ihm übers Gesicht.

Als Joe sie wieder herrichtet, bemerkt Kofi, dass sein Gesicht nicht mehr graut. Nein, es glüht, und seine Zähne mahlen einen Augenblick lang, ehe er sein Gegenüber am Kragen packt und vom Barhocker zu Boden reißt. Immer noch den Kragen in der Faust, kniet sich Joe auf ihn und schreit ihm etwas Unverständliches ins Gesicht. Die Menge um sie herum stiebt auseinander, und Kofi greift gemeinsam mit Phips, der eben nachgeeilt kommt, nach Joes Schultern, um ihn von dem anderen herunterzuziehen. Spucke und Flüche sprühen von Joes Mund zu dem Jungen, der sich aufrappelt und verängstigt zu seinem Freund zurückweicht, als sich schon eine Handvoll Securitys an den Leuten vorbeizwängt und auf sie zustürmt.

Nieselregen plätschert auf den Parkplatz und dämpft den Geruch nach Erbrochenem. Zigarettenstummel säumen die Pfützen im Asphalt. Kofi sitzt neben Joe auf den Eingangsstufen der Diskothek und beobachtet, wie sich das Neonlicht des Disconamens in der unruhigen Wasseroberfläche bricht. Hinter ihnen versucht Phips mit Ausrufen wie »Sei ein Haberer!« oder »Ich zahl dir ein Bier!« einen Security davon zu überzeugen, nicht die Polizei zu rufen.

»Das ist jetzt schnell gegangen.«

»Mhm.«

Joe verschränkt die Arme und zieht die Schultern hoch. Auch Kofi fröstelt ein wenig. Die Nacht ist ungewohnt kühl für die Jahreszeit.

»Was ist los?«

Keine Antwort.

»Magda?«

Er reagiert nicht gleich, nickt dann aber still. Ein Taxi fährt vor, bleibt stehen. Der Motor surrt ruhig, während die Scheibenwischer über die Windschutzscheibe quietschen.

»Weißt du, wie das ist, wenn du was überhaupt nicht kommen gesehen hast?«

Kofi senkt den Blick, schweigt.

»Und du dich die ganze Zeit fragst, was da genau falsch gelaufen ist?«

Jemand steigt aus dem Taxi und geht an ihnen vorbei in Richtung Eingang. Gedämpfte Basswellen und lachende Stimmen schallen zu ihnen heraus, dann fällt die Tür wieder zu.

»Zu verschieden sind wir, hat sie gesagt. Alles klar. Jetzt kenn ich mich natürlich aus.«

Er presst die Augenlider zusammen, wischt die Tränen aus ihren Winkeln. Sein Brustkorb schwillt an und zuckt ein-, zweimal. Dann kann er das Schluchzen nicht länger unterdrücken.

Kofi will etwas sagen, lässt es dann aber sein. Still sitzt er neben Joe und legt ihm nach einer Zeit den Arm um die Schulter. Phips kommt und verkündet stolz, dass er die Polizei abgewehrt habe, sie kämen mit Hausverbot davon, bemerkt dann allerdings die Tränen auf Joes Wangen und verstummt.

Als Joe sich wieder fängt, stehen sie auf und steigen in das Taxi, das immer noch vor der Disco wartet, sagen dem

Fahrer ihre Adressen an. Der Wagen fährt los, und Kofi lehnt erschöpft seinen Kopf ans Seitenfenster, hört ein Handy vibrieren. Neben ihm zieht Joe seines aus der Tasche und starrt stirnrunzelnd auf das Display. Kofi betrachtet die vorbeihuschenden Straßenlichter, schließt irgendwann die Augen, döst ein wenig vor sich hin. Und öffnet sie verdutzt wieder, als Joe fragt, ob sie ihn bei Magdas Haus rauslassen könnten.

3

Franzl und Friedl liegen ineinander verschlungen und schlafen. Nur Ferdl, ebenfalls dicht an die anderen zwei geschmiegt, lugt mit unschuldig erhobenen Brauen zu Rebecca herüber. Neugierig hebt er den Kopf, als sie vom Tisch aufsteht, um die Kaffeekanne von der Küchenzeile über dem Hundefutterschrank zu holen, stellt die Ohren vor und beginnt mit dem Schweif zu wedeln, der Franzl wiederholt ins Gesicht klatscht.

Noch im Halbschlaf schnappt dieser genervt nach Ferdls Schwanz, worauf der Gebissene schmerzerfüllt aufjault und dadurch Friedl weckt, der nicht zum Streiten aufgelegt ist, allerdings zwischen den anderen inzwischen keifend aufeinander losgehenden Hunden feststeckt und hilflos versucht, sich aus dem Gemenge zu winden.

»Aus jetzt!«

Binnen eines Wimpernschlags sitzen alle drei Dackel nebeneinander vor dem Korb, halten ihren Kopf gesenkt und schielen schuldbewusst zu Rebecca hinüber.

»Brav sein«, murmelt sie ebenso beiläufig wie bestimmt, nimmt die Kanne aus der Filtermaschine und trägt sie zum

Tisch. Wolkentrüb sinkt Tageslicht durchs Fenster in die Wohnung. Eine Weile sitzen die drei noch so da, bevor sie vorsichtig in ihren Korb zurückschleichen und sich wieder zusammenkuscheln. Aufmerksam beobachten sie, wie Rebecca Magda den Kaffee einschenkt.

»Wie geht's der Mama?«, fragt sie und hebt die Kanne wieder, als die Tasse schon mehr als zur Hälfte voll ist. Üblicherweise beschwört ihre kleine Schwester sie schon bei einem Viertel nervös, aufzuhören, sie mache den Kaffee schließlich immer viel zu stark, und gießt ihn dann bis oben hin mit Milch auf. Rebecca lässt sich die Verwunderung nicht anmerken, setzt sich auf ihren Platz und schenkt sich selbst bis zum Tassenrand ein. Schwarz, wie immer.

»Eh gut«, nuschelt Magda gedankenversunken.

Auch ungewöhnlich. Sonst ist Magda ihr gegenüber offen, was das angeht. Rebecca stellt die Kanne ab, nimmt ihr Häferl in die Hand und lehnt sich zurück. Kaffeedunst steigt ihr bitter in die Nase.

»So, was ist los?«

Magda hebt irritiert den Blick.

»Warum?«

Weil Papa sie während der letzten sechs Tage ständig angerufen und ihr gestern eine Nachricht geschickt hat. Sie solle bitte ein Auge auf Magda werfen, bis er wieder da sei. Rebecca hat die Anrufe genauso wenig beantwortet wie die Nachricht.

»Ich merk ja, wenn mit dir was nicht stimmt.«

»Nichts ist los«, murmelt Magda und senkt den Blick wieder.

Rebecca beißt sich in die Wange.

»Warum lügst du mich an?«

Die drei Dackel legen die Ohren an. Sie bemerkt es und senkt ihre Stimme wieder. Ihre Schwester stiert in den immer noch schwarzen Kaffee, atmet durch.

»Weil es – es ist kompliziert.«

Rebecca nippt an ihrem Häferl. Herbe Wärme füllt den Gaumen.

»Wir haben Zeit.«

Magdas Züge entspannen sich ein wenig. Schließlich greift sie nach der Tetrapackung Milch auf dem Tisch, gießt den Kaffee damit auf. Und beginnt zu erzählen. Jonathan stehe kurz vor der Lehrabschlussprüfung zum Koch-Kellner und fange an, Pläne zu schmieden. Er wolle eine Zeit lang auf Saison gehen, auf einem Kreuzfahrtschiff oder so. Ein paar Jahre ordentlich Geld verdienen und nachher damit das Haus von seinem Papa renovieren. Rebecca fragt, welches Haus das sei. Eh das, wo Jonathan mit seiner Mama wohne. Sein Papa habe es ursprünglich gebaut. Er rede in letzter Zeit ständig davon, dass es halb leer stehe und dass dort genug Platz für sie zwei und die Kinder sei.

»Die Kinder?«

Magda nickt, atmet durch.

»Keine Ahnung, warum er jetzt schon an sowas denkt.«

»Und dir machen diese Pläne –«

»Bauchweh.«

Stirnrunzelnd mustert Rebecca ihre Schwester.

»Weißt du schon, was du nach der Matura machen willst?«

Sie erwidert den Blick. Rebecca meint, ein Funkeln in ihren blassblauen Augen zu erkennen.

»Weiß nicht. Vielleicht auf Lehramt studieren. Deutsch und Französisch wär ganz cool.«

Rebecca hebt die Mundwinkel ein wenig, während Magda ein paar Schlucke trinkt. Unwillkürlich fragt sie sich, ob Papa an Magda gelungen, was ihm an ihr misslungen ist.

»Von dem Kaffee bekommt man ja Herzflattern.«

»Du wirst es überleben. Hast du Jonathan eigentlich von deinen Bedenken erzählt?«

Das Funkeln verblasst, und Magda schlägt die Augen nieder. Nein, sie habe nie den passenden Moment gefunden. Letztens am Samstag habe sie es tun wollen, aber Jonathan habe nicht zugehört, weil er so aufs Fortgehen fixiert gewesen sei. Das BFI habe seinen Freund Kofi für die nächsten zwei Monate dem Schlosshotel zugeteilt, in dem auch Jonathan lerne. Das habe er unbedingt mit den anderen feiern wollen. Ihr seien dann die Nerven durchgegangen und –

Magda schluckt. Ihre Augen werden glasig. Noch ehe Rebecca einfällt, wie sie am besten reagieren soll, kommt schon Friedl auf ihre Schwester zugedackelt, springt mit den Vorderläufen auf die Sesselkante und legt den Kopf in ihren Schoß. Dankbar lächelt sie und krault ihn ein wenig.

»Als Jonathan weg war, bin ich aufs Klo gelaufen und hab gebrochen, bis nur mehr Galle gekommen ist. Geweint und gebrochen, das hab ich noch nie gehabt. Und nachher ist Papa ins Zimmer gekracht und hat alles noch schlimmer gemacht.« Sie trinkt einen Schluck. »Wie immer. Und Mama wiederholt nur seine Ansichten, obwohl er sie behandelt wie seine Leibeigene.«

Rebecca greift sich unwillkürlich an den Pferdeschwanz, tut so, als rücke sie ihren Haargummi zurecht, und denkt an Mamas betäubten Blick, wenn Papa Rebecca mal wieder wegen einer schlechten Note brüllend an den Haaren durchs Wohnzimmer gezerrt hat.

»Wenn ich nicht studieren wollte, hätt ich mich auch schon längst von ihm abgekappt.«

Abgekappt. Papas Nachricht kommt ihr in den Sinn. Hat sie das tatsächlich? Hätte sie nur von der Trennung gewusst, sie hätte Magda sicher auch von sich aus eingeladen. Außerdem würde sie ihm sowieso nichts von dem Besuch erzählen. Magda hoffentlich auch nicht. Da war kein Draht mehr zwischen ihnen, und er soll auch keinen Grund zu der Annahme haben.

»Alles okay? Du schaust ins Narrenkastl.«

»Ich – ach so, ja.«

Nervös streicht sich Rebecca eine Strähne zurecht, schaut zu den Hunden, um Magdas Blick auszuweichen. Franzl grunzt betrübt im Hundekorb. Ferdl ist wieder eingeschlafen und liegt auf ihm.

»Und Jonathan? Ihr habt euch seit dem Abend nicht mehr gesehen?«

»Doch, schon.«

»Schon?«

»Naja, ich – ich war nach der Sache mit Papa unheimlich zornig und –«

Sie wendet Magda wieder ihren Blick zu, bemerkt, wie sie auf dem Sessel zurückrutscht.

»Ich hab – weiß nicht – ich hab Jonathan geschrieben – also als Papa und Mama dann gefahren sind. Er soll bitte zurückkommen.«

Rebecca hebt die Augenbrauen.

»Und er –«

»Ja.«

»Und ihr habt geredet?«

»Nicht viel.«

»Was habt ihr dann gemacht?«

Keine Antwort. Röte steigt in Magdas Wangen.

»Dein Ernst? Noch am selben Abend?«

»Es ist alles so schnell gegangen.«

»Magda, so löst man Stress, aber keine Probleme.«

»Ja, aber –«

»Nichts aber. Du hast aus Angst vor einer aufgezwungenen Zukunft mit Jonathan Schluss gemacht. Und ein paar Stunden später hüpfst du wieder mit ihm ins Bett, ohne ihm auch nur in irgendeiner Form deinen Standpunkt klarzumachen.«

»Das werde ich schon noch –«

»Na hoffentlich, bevor deine Kinder in seinem Garten herumlaufen!«

Am Winseln der Hunde erkennt Rebecca, dass sie eben geschrien hat. Sie holt Luft, schluckt. Schlägt die Augen nieder. Kaum hörbar mischt sich die Stimme ihrer Schwester in die Stille:

»Manchmal bist du Papa erschreckend ähnlich.«

4

Die Hecke verholzt. Simone stemmt die Hände in die Hüften und mustert die sich knorrig aus dem grünen Gestrüpp windenden Äste. Letzten Herbst hat sie aufs Schneiden vergessen. Heuer wird sie mit der Heckenschere allein nicht mehr zurande kommen. Einige der Zweige umgarnen bereits die spröde Plastikkompostbox vor der Hecke. Ein Riss klafft, und aus dem auslaufenden Humus sprießen Brennnesseln. Gehört auch gerichtet.

Ein wenig schlendert Simone noch durch den Garten, lauscht dem Amselgeplapper in den blühenden Obstbaumkronen, dem Ruf eines fernen Kuckucks. Ihr erster freier Samstag seit Wochen. Ein Windzug hebt weißduftende Apfelblüten aus ihren Zweigen. Verspielt trudeln sie dem Boden entgegen und verschwinden zwischen Spitzwegerich und Grasrispen. Simone runzelt die Stirn. So viel sollte sich vorm Einkaufen noch ausgehen. Entschlossen nickt sie und marschiert zur Garage, um den Rasenmäher zu holen.

Auf der Einfahrt glänzt Jonathans Moped perlmuttblau im Sonnenlicht. Ihr Sohn kniet daneben und reicht dem unterm Auspuffrohr liegenden Phips Steckschlüssel.

»Bei euch passt eh alles?«, fragt sie.

»Jaja«, murmelt Philipp gelassen und schnarrt mit der Ratsche einen Bolzen aus dem Gewinde. Jonathan antwortet nicht. In den letzten Wochen kippt seine Stimmung öfter. Warum, verrät er ihr nicht. Simone geht an ihnen vorbei in die Garage und sucht die ramschvolle Wand nach dem Rasenmäher ab, findet ihn alsbald unter zwei Schachteln voll gebrauchter Konservendosen und einer Kabeltrommel. Der Staub wirbelt vom Blech, als sie ihn vor den Rasen schiebt. Kurz schaut sie unter den Tankdeckel, blau schillernd duftet ihr der Benzin vom Vorjahr entgegen, drückt dreimal auf den Tupfer am Motor, presst den Sicherheitsbügel an den Griff und reißt mit der anderen Hand kräftig am Starterseil.

Amseln stieben vom Apfelbaum auf.

Der Motor heult auf und stirbt wieder ab. Sie stellt sich in Schrittstellung hin, lockert kurz die Finger und zieht erneut das Seil aus der Spindel. Wieder kein Erfolg. Auch der Kuckuck ist inzwischen verstummt. Ein paar Mal versucht sie es noch, ehe sie sich entmutigt den schmerzenden Zugarm massiert und dem Schraubschlüsselklimpern von Philipp und Jonathan lauscht.

»Burschen, was macht ihr denn?«, fragt sie, indem sie sich den beiden vorsichtig nähert.

Philipp streckt die Zungenspitze aus dem Mundwinkel und fingert konzentriert im Blechgewinkel, hält dann inne und schielt betreten zu Jonathan, der nicht auf seine Mutter reagiert. Erst ein paar Augenblicke später lässt sich ihr Sohn zu einer gemurmelten Antwort herab:

»Einen neuen Auspuffkrümmer einbauen.«

»Mhm. Ach so ist das.« Sie stemmt die Hände in die Hüften und nickt gewichtig. »Du Jonathan, der Rasenmäher springt mir nicht an. Kannst mir schnell helfen kommen?«

Er erwidert den Blick nicht, das Gesicht im Schatten seiner Kappe.

»Hab grad keine Zeit.«

»Ach so?«

»Mhm.«

Philipps Wangen röten sich leicht. Er hebt wieder zu schrauben an und tut, als höre er ihr Gespräch gar nicht.

»Bitte, reiß dich jetzt zusammen. Der Garten schaut aus wie ein Urwald, und wer weiß, wann ich wieder zum Mähen komme.«

»Kannst ja googeln, was mit dem Rasenmäher nicht stimmt.«

Simone presst die Zähne zusammen.

»Gut, das Moped ist wichtiger«, sagt sie und geht in Richtung Garage, bleibt nochmal kurz stehen und dreht den Kopf halb zu ihrem Sohn zurück. »Wenn der Papa wüsste, wie wir hier alles verkommen lassen.«

Plötzlich springt Jonathan auf und stampft an ihr vorbei, schlägt die Tür zum Stiegenhaus hinter sich zu. Philipp sitzt neben dem Moped, die Wangen inzwischen dunkelrot, und blickt nervös zwischen ihr und der Tür hin und her.

»Tut mir leid«, murmelt sie ihm knapp zu und öffnet die Fahrertür ihres Fiat. Dann fährt sie eben einkaufen. Schließlich hat sie auch so genug zu tun.

Der halbe Einkauf rutscht vom Rücksitz, als Simone vor der Ortstafel auf die Bremse steigt. »Scheißdreck«, zischt sie. Jetzt wird sie dann gleich allein die Sachen von den Fußmatten klauben und hinauftragen, allein kochen und allein essen. Der Bub wird sich dann am Nachmittag etwas nehmen, wenn der Hunger den Starrsinn überwiegt und sie gerade allein im Garten dahinmurkst. An ihrem wahrscheinlich einzigen freien Samstag in diesem Monat.

Fünfundsechzig Überstunden waren es im April. Die neu eingestellten Heimhilfen kündigen alle noch in der Probezeit, und ihr bleibt die Arbeit. Nicht, dass sie sich beschweren würde. Sie kann das Geld brauchen. Die alte Ölheizung ist letzten Winter ständig ausgefallen, und die Techniker hatten immer erst nach zwei, drei Tagen Zeit, sodass sie in ihre Winterjacke und drei Decken eingewickelt schlafen musste. Sie seufzt. Ein Mann im Haus wäre da schon praktisch, einer, der sich auskennt und sich für das Ganze interessiert. Ihre Finger spannen sich ums Lenkrad. Nicht so wie Jonathan, für den ein neuer Sportauspuff offenbar mehr zählt als das Erbe seines Vaters.

Sie bremst nach der Dorfkapelle ab und biegt in die Hauseinfahrt ein. Beim Anblick des Gartens hebt sie die Augenbrauen.

Nach dem Aussteigen wirft sie noch einmal einen Blick auf den Rasen. Kurzgeschoren. Sogar um Zaun und Bäume ist alles schön ausgemäht. Hinter den Himbeersträuchern steht Jonathan und zwickt mit der Astschere an der Thujenhecke herum. Er grüßt nicht, arbeitet weiter, als hätte er ihre Ankunft gar nicht bemerkt. Lächelnd schüttelt sie den Kopf und schaut kurz ihrem Sohn zu, holt dann den Wäschekorb aus der Waschküche und fängt an, die Lebensmittel aus dem Auto zu räumen.

Mit dem randvollen Korb vorm Bauch will sie eben die Stiege hinaufgehen, als sie einen Vibrationslaut vernimmt. Sie stellt den Einkauf auf die Werkbank neben der Stiegenhaustür und greift in ihren Hosensäckel. Halt. Sie hat den Ton gehört, aber nicht gespürt. Kurz blickt sie sich um und bemerkt Jonathans Handy neben dem Schraubstock auf der Werkbank. Am aufleuchtenden Sperrbildschirm eine Nachricht von Magda:

Wirklich. (11:03)

Wirklich. Hm. Simone hebt den Korb wieder an, macht einen Schritt zur Stiege hin. Was wirklich? Sie blickt zum Handy zurück, beißt sich auf die Unterlippe. Und stellt den Korb wieder ab.

Jonathans Sperrmuster kennt sie. Einfach die Punkte in der Form eines großen L verbinden, und schon öffnet sich Magdas Chatverlauf auf WhatsApp. Simone scrollt ein paar Nachrichten hinauf.

Ja, aber mir! (07:55)

Schön, dass du nicht einmal darauf antwortest (08:40)

Dann schreib wennst unbedingt drüber redn willst (08:43)

Diese Nachricht wurde gelöscht. (08:49)

Aha? (08:50)

Mir wärs echt lieber, wenn du vorbeikommst und wir persönlich miteinander reden (08:53)

Du, mein moped läuft grad net. Also entweder kummst du oder du schreibst ma was los is (08:59)

Schau, jetzt ists schon bald 4 wochen seit der sache mit der trennung her und wir habn einfach so weitergmacht als wär nix gwesn. So gern ich dich hab, ich glaub nicht, dass das auf dauer so gut gehen kann (09:19)

Versteh mich jetzt nicht falsch, über den gedanken mit dem schlussmachen bin ich inzwischen hinweg. Ich bin überzeugt, dass wir da gemeinsam einen weg finden, wenn wir uns zammreißen. Ich will unbedingt, dass das mit uns funktioniert (09:49)

Wirklich (11:03)

Simone legt das Handy zurück. Einen angespannten Atemzug später hebt sie den Korb wieder auf, blickt sich noch einmal kurz zu Jonathan um, der unverändert an der Hecke werkelt, und geht die Stiege hinauf.

5

Heiß dampft es vom Suppenkessel herauf zu Kofis Gesicht. Mit geschlossenen Augen nimmt er eine Nase von der Brühe, erkennt die Rinderwade in dem Duft wieder, die kleinen, krummgewachsenen Karotten und das Maggikraut aus dem Garten des Schlosshotels. Er lächelt zufrieden und klappt den Deckel zu, damit die Suppe nicht auskühlt.

Udo Jürgens und Belen Thomas rauschen aus dem kleinen Feldradio auf dem Kühlschrank am anderen Ende der Hotelküche, *Sempre Roma.* Daneben trocknet sich Joe gerade die frischgewaschenen Hände an seiner Schürze. Statt einer Küchenhaube trägt er eine weiße Snapback-Kappe, nach hinten verdreht. Er greift unter eine der Arbeitsflächen und hebt einen Kübel mit Biomüll hervor, nuschelt Engelbert zu, er trage die Reste raus, wartet auf dessen zustimmendes Murren und marschiert mit griesgrämiger Miene aus der Küche.

Kofi geht sich die Hände waschen, wirft einen Blick auf die Digitaluhr am Feldradio. Zwanzig nach zehn. Sie sind gut in der Zeit. Die Tagessuppe ist fertig. Frittaten und Nudeln haben sie schon gestern Nachmittag vorbereitet. Das Menü, Kalbsrahmbeuschel mit Serviettenknödeln, ist auch schon fast so weit. Lediglich Engelbert, der dienstälteste Koch, zupft noch Schnittsellerie für die Tellergarnitur. Unbewegt steht der gedrungene Grauschopf vor der Edelstahlzeile und verrichtet seine Arbeit. Allein die rechte Lederschuhspitze wippt im Takt der Schlagermusik. Das Feldradio ist seins, stammt angeblich noch aus seiner Bundesheerzeit. Immer wenn er die Küche betritt, stellt er es kommentarlos von Ö3 auf Radio Steiermark um, grunzt nur gleichgültig, wenn die anderen Köche sich darüber aufregen. Zögerlich wendet sich Kofi ihm zu.

»Wär es okay, wenn ich, ähm, wenn ich auch noch kurz frische Luft schnappe, bevor –«

Ohne aufzublicken macht der Koch eine wegwerfende Geste in Richtung Tür und widmet sich wieder seinem Schnittsellerie.

»Danke«, murmelt Kofi und folgt Joe nach draußen.

Ein kalter Windzug fährt Rebecca in den Westenkragen. Sie verschränkt die Arme und versteckt das Kinn hinter dem hochgezogenen Reißverschlussschieber, schielt zum wolkenlosen Himmel. Der Sonne fehlt heute die Kraft.

Mit Daumen und Mittelfinger im Mund stößt sie einen Pfiff aus, um die drei auf der Auwiese spielenden Dackel herzurufen. Bis Magda sich zurückmeldet, kann sie ja ein wenig gehen, gegen die Kälte. Es bleibt allerdings nur Friedl kurz stehen und blickt unsicher zu ihr herüber, ehe er wieder zu den beiden anderen läuft. Sie streiten sich um einen ellenlangen Haselstock.

Erneut pfeift sie und ruft zornig. Ihre Stimme bricht allerdings, und die Hunde setzen unbeirrt ihren Kampf um den Stock fort. Schnaubend lässt sie sich zurück auf die Bank fallen. Der Bach tuschelt mit den wiegenden Eschen, und über den Waldhängen schleiern Dunstschwaden. Hoch darüber gleißen die Fenster des Schlosshotels im Sonnenschein.

Rebecca zieht wieder das Handy aus dem Säckel. Vor einer dreiviertel Stunde hat Magda geschrieben, dass sie noch eine Kleinigkeit erledigen müsse. Auf die Frage, wann sie da sein werde, hat sie noch immer nicht geantwortet.

Sie steckt das Handy wieder ein und pflückt einen ergrauten Löwenzahn aus dem Gras neben der Bank, haucht über die Blüte. Ein paar befiederte Samen lösen sich und treiben unstet über die Wiese.

Joe hat den Kübelinhalt bereits in die Tröge geleert, als Kofi ihn erblickt. Die Hängebauchschweine des schlosseigenen Streichelzoos drängen sich um die Kochreste, mampfen und grunzen vergnügt. Unweit liegen ein paar wiederkäuende Ziegen in der Sonne und schauen desinteressiert zu.

Joe tut es ihnen gleich. Seine Linke steckt lässig im Hosensäckel, während er mit dem rechten Daumen eine Packung rote Marlboro aufschnipst und mit den Lippen eine Zigarette aus der Schachtel zieht. Kofi duckt sich vorsichtig zwischen den Querstreben des Streichelzoogatters hindurch und schleicht sich von hinten an Joe heran. Nichtsahnend fummelt dieser gerade in seinen Taschen nach seinem Feuerzeug, als Kofi sich grinsend die Lippen leckt, über seine Schulter greift und ihm den Glimmstängel aus dem Mund zieht.

»Rauchen ist ungesund!«

»He!«

Joe wirbelt herum und schnappt verärgert nach der Zigarette.

»Alter, gib her!«

Grinsend tänzelt Kofi zur Seite.

»Erst, wenn ich dich einmal lächeln sehe. Die beleidigte Leberwurst steht dir nicht.«

»Komm, ich hab grad echt keine Lust zum Schmähführen.«

»Lächeln sollst, nicht noch zwiderer schauen!«

Wieder schnappt Joe nach der Zigarette, und Kofi will mit einem Sprung nach hinten ausweichen, stolpert stattdessen über den Schweinetrog und fällt rücklings hinein. Panisch quiekend stiebt die Schweinerotte auseinander.

Kofi braucht einen Augenblick, um die Fassung wiederzufinden. Blinzelnd beschaut er die fleckigen Ärmel seiner Kochjacke. Zieht dann mit Daumen und Zeigefinger etwas Klebriges von seiner Wange und hält es benommen vor sein Gesicht. Ein Stück Kalbslunge, das ein tapferes Schwein dazu bewegt, aus den zurückgedrängten Reihen zu stürmen, es ihm aus den Fingern zu schnappen und schleunigst wieder wegzulaufen. Angeekelt verzieht Kofi das Gesicht und schaut zu Joe, der ihm verdutzt entgegenblickt. Und mit zusammengepressten Lippen zu kichern beginnt.

»Willkommen in der A1-Mobilbox der Nummer –« Rebecca legt auf. Eine Kleinigkeit. Wie lange dauert eine Kleinigkeit? Von Papas Haus sind es zu Fuß vielleicht zehn Minuten in die Au. Sie pflückt mit einer Handbewegung die restlichen Samen vom Löwenzahn und wirft sie in die Luft. Die Flughärchen haben sich jedoch ineinander verhakt, und das Knäuel stürzt vor ihren Füßen auf den Boden.

Vielleicht hat sie sich umentschieden, will jetzt doch nicht kommen. Dabei hat Rebecca den gemeinsamen Spaziergang vorgeschlagen, um sich für die Bevormundung letztens entschuldigen zu können.

Sie reibt die kalten Hände aneinander, ballt sie ein paar Mal zur Faust und öffnet sie wieder. Zehn Minuten Fußweg. Eigentlich will sie die Sache nicht so zwischen ihnen stehen lassen. Sie fragt sich, ob Papa heute arbeitet. Die Ordinationszeiten haben sich in den letzten Jahren womöglich geändert.

Nach einer Weile steht sie auf und nimmt die Leinen aus ihrer Tasche, geht mit ihnen den spielenden Hunden entgegen. Wenn Magda nicht kommt, dann holt Rebecca sie eben von zu Hause ab.

Feuerzeugschleifen und ein kaum hörbares Knistern. Joe macht einen Lungenzug und mustert Kofi mitleidig lächelnd, der sich erfolglos den Schmutz vom weißen Stoff wischt.

»Die bringen mich um.«

»Wir holen dir einfach eine neue Garnitur aus der Wäsche, bevor irgendwer was mitkriegt.«

»Früher oder später kriegt's aber wer mit. Sauber wird das nicht mehr.«

Joe zieht nachdenklich an der Zigarette.

»Jetzt ist's halt passiert.«

Träge setzt sich Kofi auf die Stufen vor dem Bediensteteneingang, stützt die Stirn auf die Hände.

»Endlich einmal ein Praktikum, wo es halbwegs gut läuft. Und dann das!« Er seufzt. »*Präsentiert euch gut*, sagen die Depperten vom BFI alle paar Monate, wenn sie uns einem neuen Betrieb zuschanzen. *Das sind eure zukünftigen Arbeitgeber.*«

»Geh. So schlimm wird's schon nicht –«

»Du hast leicht reden!« Kofis Blick fährt zu Joe hin. »Warst nicht zu deppert, eine gescheite Lehrstelle zu finden. Bist schon drei Jahre da und kannst nach dem Lehrabschluss wahrscheinlich gleich als Geselle anfangen. Mir wird's gleich gehen wie bei der Lehrstellensuche. Weißt du, wie das ist, wenn man zum Vorstellen kommt und die schauen einem die ganze Zeit nur angewidert auf die Negerlippen?«

»Jetzt red nicht so einen Scheiß!«

»Stimmt ja!«

»Blödsinn.« Joes Stimme ist leise geworden. »Merkst du nicht, wie begeistert hier alle von dir sind? Sogar Engelbert hat dich schon beim Chef gelobt, und dem ist alles wurst.« Er zieht kurz an der Zigarette. »Der geht übrigens in einem halben Jahr in Pension. Und ich werd nach dem Abschluss voraussichtlich auf Saison gehen. Sprich: Es wird eine Stelle frei.« Nach einem letzten Zug lässt er den Stummel fallen und dämpft ihn unterm Absatz aus, hockt sich dann zu Kofi und blickt ihn auf Augenhöhe an. »Und ich werd mich für dich einsetzen, darauf kannst dich verlassen.«

Die Weinrosenhecke rankt sich um die Streben des schmiedeeisernen Gartenzauns. In angemessenem Abstand zum Grundstück zieht Rebecca kurz an den drei Leinen. Die Dackel gehorchen nicht sofort. Als sie etwas fester anzieht, setzen sie sich zögerlich. Sie hockt sich zu ihnen und krault Franzl nachdenkend hinter den Ohren. Bei Rebeccas Auszug war der wuchernde Strauch fast noch ein Setzling.

Ein weiterer Anrufversuch. Magda hebt nicht ab. Warum?

Ein marineblauer VW Passat rollt langsam die Straße entlang. Rebecca hebt mechanisch die Hand zum Gruß, erblickt den Fahrer nur schemenhaft hinter der spiegelnden Windschutzscheibe. Als das Auto vorüber ist, atmet sie durch, fasst die Leinen etwas fester und geht auf das Gartentor zu, dessen Eisenstreben sich wie Speere himmelwärts spitzen. Unwillkürlich denkt sie an die Zufahrt einer Irrenanstalt aus irgendeinem Thriller, der Titel ist ihr entfallen, und führt zaghaft den Zeigefinger an die Klingel.

Und wenn Papa aufmacht?

Sie zieht den Finger zurück und dreht sich um, will gehen. Die Hunde folgen allerdings nicht. Winselnd stemmen sie sich gegen die Leinen und blicken zum Haus hinüber. Stirnrunzelnd schaut sie nochmal über die Schulter, lauscht. Der Wind seufzt leise. Oder ist das ein Schluchzen?

»So, schaust schon fast wieder aus wie vorher.«

Kofi schlägt die rechte Manschette der frischen Kochjacke um, krempelt den Ärmel auf.

»Fast?«

»Naja, dir pickt noch eine halbe Kalbslunge im Gesicht.«

Joe runzelt die Stirn, deutet mit dem Zeigefinger auf die besagte Stelle, hebt dann allerdings mit gespielter Überraschung die Augenbrauen und zieht ihn wieder zurück. »Hoppala, das ist ja deine Nase.«

»Trottel«, sagt Kofi und lächelt leicht, widmet sich dem anderen Ärmel. Erstmals seit Wochen sieht er Joe wieder spaßen. Ein gutes Zeichen.

Schließlich setzt sich Kofi noch den Hut auf, und Joe geht aus der Umkleide voraus in Richtung Gang.

»Komm. Wenn Engelbert mit seinen Schlagerhymnen allein ist, hebt er in der Küche das Tanzen an. Musst du dir geben!«

»Warte kurz.«

Joe bleibt stehen, schaut Kofi fragend an.

»Wie läufts eigentlich mit dir und Magda?«

Sie schluckt, atmet durch. Und drückt die Klingel. Niemand öffnet. Noch einmal. Immer noch nichts. Kurz zögert sie, greift dann über die Gartentür und öffnet sie von innen, geht hinein. Erleichtert atmet sie auf, als sie sieht, dass Papas Audi nicht im Carport steht.

Wieder dieses Wimmern. Sie geht übers Pflaster zur Eingangstür. Nicht verschlossen. Im Vorraum beginnt sie ihren Puls zu spüren. Alles noch wie damals. Dieselben Terracotta-Fliesen, dasselbe Ölgemälde mit dem Segelboot an der Wand. Auf dem Hutständer hängt sogar der bordeauxfarbene Stockschirm von früher, inzwischen etwas ausgebleicht. Ein Geräusch aus dem Stiegenhaus. Jetzt hört sie es deutlich. Magda weint.

Sie lässt die Leinen fallen und läuft die Stiege hinauf. Hinein in Magdas Zimmer. Leer. Wieder ein Schluchzen. Aus dem Bad. Sie dreht sich um und rennt dem Laut nach. Reißt die Badezimmertür auf. Dann die Augen. Und hebt die Hand vor den Mund, als sie sieht, wie die in der Ecke am Boden heulende Magda sich mit Papas Rasiermesser in den Unterarm schneidet.

»Ich hab dir doch erzählt, wie sie damals gemeint hat, wir passen einfach nicht zusammen.«

Kofi nickt still.

»Inzwischen glaube ich das auch.«

»Sag einmal, spinnst du?«, schreit Rebecca, reißt der heulenden Magda das Messer aus der Hand und wirft es zur Seite.

Blut sprudelt aus dem Schnitt, und Rebeccas Blick haftet einen Augenblick lang wie betäubt auf der langsam größer werdenden Lache am Boden, ehe sie ein Handtuch vom Ständer neben dem Waschbecken reißt, es zusammenknüllt und fest auf die Wunde presst.

»Nein!«, schreit Magda und versucht sich loszureißen. »Hör auf! Ich will es nicht! Ich will es nicht!«

»Bist du wahnsinnig geworden?«

Schreiend tritt Magda nach ihr. Rebecca weicht aus und gibt ihrer Schwester mit der freien Hand eine Ohrfeige.

»Jetzt reiß dich zusammen!«

»Ich will es nicht, bitte!«, wiederholt sie wie von Sinnen.

»Was willst du nicht?«

Wieder tritt sie nach Rebeccas Bauch, diesmal erfolgreich.

Rebecca bleibt die Luft weg. Sie taumelt zurück und sackt auf den Boden. Benommen blinzelt sie, sieht zu, wie Magda aus dem Zimmer rennt. Schmerz windet sich in ihrem Unterleib, zwickt und beißt und presst von unten gegen den Magen. Sie krümmt sich, hält den Bauch mit beiden Armen umschlossen und erkennt neben ihren Beinen einen zerknüllten Beipacktext. Unweit davon liegt ein kleiner, unscheinbarer Gegenstand. Rebecca runzelt die Stirn und greift nach dem Schwangerschaftstest.

So wie du?

1

Das Leben ist kein Ponyhof!

Rosa schnörkeln die Buchstaben über den Aufkleber. Darüber reckt ein gleichfarbiges Einhorn herrisch sein Kinn zur tropfenbenetzten Rückscheibe des Daihatsu empor. Gustav schmunzelt, kratzt sich die Narbe an der Schläfe und beschaut die pinken Zierkappen an den Felgen. Sogar das Lenkrad steckt in einem Überzug aus rosa Plüsch.

Eine Weile betrachtet er noch das kuriose Ding, schüttelt dann den Kopf und geht über den Parkplatz, weicht mit Wasser gefüllten Schlaglöchern und den museumsreifen Zapfsäulen aus und öffnet am Ende seines Weges die Stüberltür. Rauchig-warmer Dunst fährt ihm entgegen.

»Da schau her! Ein ganz ein seltener Gast!«

»Du mich auch, Jeiti.«

Gustav lässt seinen Blick kurz über die leeren Tischkojen schweifen, ehe er die Tür schließt und sich auf einen Schankhocker setzt. Mit verschränkten Armen lehnt er sich an die Budel, tippt im Takt der Gitarrenriffs von Iron Maiden, die aus dem Radio feuern, mit den Stahlkappenschuhen gegen die Fußstütze. Ihm abgewandt räumt der Jeitlerwirt gerade Gläser aus dem Geschirrspüler, wischt sie noch einmal mit einem Geschirrtuch trocken, ehe er sie ins Regal stellt.

»Bist heut spät dran, Gustl. Viel los?«

Er grunzt zustimmend.

»Muss schaun, dass ich nach dem Essen zeitig wieder in die Firma zurückkomm.« Mit der Linken zieht er den Aschenbecher vom Nebenplatz zu sich, nimmt eine

Packung Marlboro aus der Tasche seiner Fleecejacke und raucht sich eine an. »Der Chef will alleweil an einem Tag die Welt niederreißen.«

»Also wie immer.« Der Wirt lächelt, während er den Saum des letzten Krügerls trocknet, und dreht sich zu ihm um. »Was darf's denn sein?«

»Das Einser-Menü«, antwortet Gustav und haucht gelassen Rauchkringel in die Luft.

Sogleich hält der Wirt das Krügerl schräg unter einen Zapfhahn und füllt es mit Bier, stellt es dann auf ein kleines Messingtablett, holt ein Stamperl aus dem Schrank, stellt es dazu und füllt es mit Jägermeister.

»Bitteschön!« Der Jeitlerwirt stellt ihm das Tablett auf die Schank. »Zum Essen auch was?«

»Ist vom Mittag noch was über?«

Gustav fasst das Stamperl und leert es mit einem Schluck. Süßlich schmiert der Kräuterlikör am Gaumen vorbei. Er seufzt, fühlt sich etwas entspannter.

»Für dich immer.«

»Dann schlag ich zu.«

Der Wirt wäscht sich kurz die Hände, trocknet sie danach an seiner Schürze und verschwindet durch die offene Tür hinter der Schank.

»Schau mir derweil ein wenig durchs Fenster«, ruft er noch aus der Küche heraus. »Falls wer tanken kommt.«

Gustav nimmt einen Zug von seiner Zigarette und wirft einen Blick durch die trübe Scheibe. Kein Fahrzeug bei den Zapfsäulen. Nur der Daihatsu steht noch auf dem Parkplatz. Wieder muss er schmunzeln.

»Jeiti, wem gehört eigentlich das Tussimobil da draußen?«, ruft er in die Küche und nippt an seinem Krügerl.

»Mir«, vermeldet eine Frauenstimme hinter ihm.

Er verschluckt sich, hustet. Als der Hustenreiz etwas nachlässt, dreht er sich um und blinzelt einer brünetten Frau ins Gesicht, die im toten Winkel der Eingangstür vor einem leeren Teller und einem halbvollen Spritzerglas sitzt. Mit offenem Mund starrt er sie an.

»Aha. Jetzt verschlägt's ihm plötzlich die Sprache.« Die Frau grinst breit, nimmt das Spritzerglas in die Hand und steht auf, geht auf die Schank zu. »Hinterrücks aber den Starken markieren. Das sind mir die Liebsten.«

Sie setzt sich auf den Barhocker neben ihn, und er nimmt den Duft von Herbstzeitlosen wahr, versetzt mit einer leichten Weinfahne. Mitte vierzig, ungefähr sein Alter, schätzt er. Gefärbtes Haar mit grauenden Ansätzen. Tränensäcke und aufgedunsene Wangen versucht sie unter Lidschatten und Rouge zu verstecken. Und sie trägt einen grässlich dunklen Lippenstift.

»Naja, schaut schon brutal kitschig aus, das Auto.«

»So wie du dich aufspielst, musst du ja mindestens einen Ferrari fahren.«

Gustav stockt, kratzt sich zögerlich an der Narbe. Da kommt der Jeitlerwirt mit dem Mittagessen aus der Küche, Grammelknödel mit Sauerkraut. Seinem Grinsen nach zu urteilen, hat er alles mitgehört.

»Jetzt hast ein Eigentor geschossen«, meint er lächelnd, stellt ihm den Teller samt Besteck auf die Schank. »Wann haben's dir den Schein das letzte Mal gezupft?«

»Halt die Luft an.«

Die Frau hebt in gespielter Verwunderung die Augenbrauen. Währenddessen schaut der Wirt aus dem Fenster, runzelt die Stirn und murmelt etwas, das »Kundschaft« bedeuten mag, ehe er durch die Eingangstür nach draußen eilt.

»Jetzt will ich es auch wissen. Wann denn?«

Zähneknirschend blickt Gustav ihr in die Augen. Blau sind sie. Unverschämt blau.

»Schon ein paar Jahre her. Auto hab ich schon länger keins mehr.«

Ein Funkeln huscht über das Augenpaar. Gustav kann nicht wegschauen. Der Herbstzeitlosenduft lässt ihm keine Ruhe.

»Und trotzdem so eine große Klappe?«

Er senkt den Blick, schluckt.

»Du, ich mach kein Geheimnis draus, dass ich viel trinke«, beginnt er, sein Bier fixierend, »und ich fahr auch nicht mehr.« Nach einer kurzen Pause wendet er seinen Blick wieder ihr zu. »Wär gescheit, wennst heut auch drauf verzichtest. So schneidig, wie du redest, ist das nicht dein erster Spritzer.«

Das Funkeln verblasst, und ihre Mundwinkel fallen nach unten. Jetzt ist sie diejenige, die das Gesicht abwendet. Schweigen.

Von draußen dringt die gedämpfte Stimme des Jeitlerwirts herein, der an der Zapfsäule mit der Kundschaft tratscht. Augenblicke später bemerkt Gustav, wie eine einzelne Träne über das Wangenrouge silbert, und fühlt sich plötzlich schlecht. Still nimmt er einen letzten Zug von der Zigarette und dämpft sie im Aschenbecher aus, starrt die Knödel an, die vor ihm kalt werden.

»Tut mir leid, ich wollte dich n–«

»Passt schon.«

Leer betrachtet sie den Spritzer vor sich, als Gustav ihr nochmal einen Blick zuwirft. Irgendwie gefällt ihm ihr Gesicht, all der Schminke zum Trotz. Die langen Wimpern. Die etwas zu kleine Nase. Sie muss in ihrer Jugend eine schöne Frau gewesen sein. Er öffnet den Mund, um etwas zu sagen, kratzt sich dann aber nur an der Narbe.

»Juckt sie?«

Er blinzelt kurz irritiert, versteht dann aber.

»Immerfort. Geht nicht mehr weg.«

Sie schaut ihm scheu entgegen. Wieder fangen ihn diese blauen Augen ein.

»Woher hast sie eigentlich?«

»Lange Geschichte«, meint er nach einigem Zögern und wendet sich seinem Krügerl zu, nimmt einen Schluck. Aus den Augenwinkeln sieht er, dass sie leicht lächelt. Aus irgendeinem Grund freut ihn das.

»Erzählst sie mir?«

2

Sirrend scheppern die angerosteten Stahlstäbe, als Florin und Gustl den letzten Bewehrungskorb auf die Ladefläche des Pritschenwagens legen.

»Weiß nicht, was der Chef hat«, lallt Gustl, während er die rostfleckigen Arbeitshandschuhe abstreift, sich den Schweiß von der Stirn wischt. »Sind eh zeitig fertig geworden.«

Florin antwortet nicht. Er springt von der Ladefläche und öffnet die Beifahrertür, nimmt einen zusammengerollten Ratschengurt von der Fußmatte. Mit einer geübten Handbewegung wirft er den Haken am einen Gurtende über die Pritsche, wo Gustl ihn an der Bordwand befestigt.

»Oder, was meinst du?«

»Hast eingehängt?«, ruft Florin über die Pritsche hinweg, während er das Gurtende in die Ratsche einfädelt und seinen Haken ebenfalls einhakt.

Als Gustl zustimmend grunzt, knattert er vier, fünf Mal mit der Ratsche, bis sich die Stahlkörbe unter dem Gurt leicht biegen. Er holt noch einen zweiten Ratschengurt aus der Fahrerkabine und sie wiederholen die Handgriffe etwas weiter hinten an der Ladefläche. Abschließend packt Florin die Bordwand und zieht sie ein paar Mal kräftig nach unten, sodass das gesamte Fahrzeug hin und her wackelt. Der Bewehrungsstahl klimpert nicht, bewegt sich ohne Spiel mit der Pritsche mit. Die Sicherung hält.

»So, damit wir können morgen früh gleich fahren auf Baustelle. Sie wollen noch Vormittag betonieren.«

Gustl hat sich indessen eine angeraucht, schaut leer vor sich hin.

»Der hat das sicher nicht ernstgemeint. Passiert ja jedem mal ein Fehler, nicht?«

Florin stemmt die Hände in die Hüften, schaut Gustl ruhig in die blutunterlaufenen Augen. Trotz der etwa zwei Schrittlängen Entfernung nimmt er seine Bierfahne wahr.

»Schau, Gustl, am besten ist, gehst du heim und schlafst aus. Wer weiß, was morgen bringt.«

Gustl kratzt sich kurz an der Narbe, ehe er nachdenklich nickt und Florins Blick erwidert.

»Hast recht. Dann bis morgen.«

»Bis morgen.«

Als sich Gustl umdreht und zum Bauhof hinausschwankt, seufzt Florin leise. Eine Weile blickt er ihm noch hinterher und verlässt dann ebenfalls die Lagerhalle. Auf dem Weg zu seinem kleinen Hyundai gibt der Straßenschotter feucht unter den Arbeitsschuhen nach. Der Sprühregen netzt kalt sein Genick, während er den Wagen aufsperrt, Beißzange, Bindedraht und Zollstab aus dem Werkzeuggürtel nimmt, diesen auch ablegt und alles auf die Schonbezüge der Rückbank legt. Danach nimmt er auf dem Fahrersitz Platz und klopft die Schuhe vor der Einstiegsleiste ab, ehe er die Beine ins Auto zieht und den Zündschlüssel auf Vorglühstellung dreht. Ein paar Leuchten blinken am Armaturenbrett. Die Lüftung heult kurz auf und die Scheibenwischer glätten die Schlieren auf der Windschutzscheibe, sodass Florin zu dem kleinen Bürogebäude am anderen Ende des Bauhofs sieht und bemerkt, dass der schwarze Mercedes des Chefs immer noch auf der Zufahrt davor parkt. Eine Weile haftet sein Blick an dem Fahrzeug, dessen Konturen vor seinen Augen beinahe zerfließen, bis er schließlich aussteigt und durch das Nieselwetter zum Büro geht.

Zweimal klopft Florin an, ehe er die Tür öffnet. Es ist schon recht dunkel im Raum. Auf einem der beiden Tische, dem, an dem früher am Tag die Sekretärin arbeitet, liegen kreuz und quer Polierpläne. Am Arbeitsplatz gegenüber tippt der Chef irgendetwas in seinen Computer. Das Bildschirmlicht spiegelt sich auf seiner kleinen Randlosbrille. Er reagiert nicht gleich auf Florins Anwesenheit, tippt noch ein paar Sekunden konzentriert vor sich hin, ehe er sich zurücklehnt und durchatmet. Dann nimmt er die Brille ab und blickt zu ihm herüber.

»Florin«, stellt er fest. »Kann ich was für dich tun?«

Florin öffnet den Mund. Schließt ihn. Schluckt.

»Schau, Wolfgang, was du hast gesagt heute zu Gustl …«

Die Miene des Chefs versteift sich.

»Ja?«

Mit hinter dem Rücken verschränkten Armen lehnt sich Florin gegen die Wand, senkt den Blick.

»Ich glaube nicht, er richtig hat verstanden das in seinem Zustand.«

»Ich auch nicht. Ändert aber nichts daran, dass ich ihn morgen früh wegschicke, wenn er nochmal auftaucht.«

Florin schweigt kurz, runzelt die Stirn.

»Weiß nicht, ob das ist gescheit.«

Der Chef spielt sich mit der Brille in seinen Händen, mustert ihn kritisch. Seufzt schließlich müde und massiert sich mit Daumen und Zeigefinger die Augenlider.

»Setz dich«, sagt er und weist mit der zusammengeklappten Brille auf den Drehsessel am gegenüberliegenden Tisch.

Ruhig stößt sich Florin von der Wand ab und zieht den Sessel zurück, klopft so gut es geht den Roststaub von der Arbeitshose, bevor er sich setzt. Sanft geben die Samtpolster unter ihm nach. Eine unangenehme Position für ihn. Auf der Baustelle ist das Sitzen während der Arbeit verpönt, und er kann sich nicht so recht vorstellen, wie die Sekretärin auf so weichen Polstern konzentriert arbeiten kann.

»Also. Was, meinst du, soll ich tun?«

Er weiß nicht einmal so recht, wie er auf dem Drehsessel sitzen soll. Zurückgelehnt kommt er sich zu lässig vor.

»Schau …« Im aufrechten Sitz weiß er wiederum nicht, was er mit den Händen tun soll. »… Gustl ist mein Freund.«

»Das weiß ich. Ihr habt fast zugleich bei mir angefangen. Wie lang ist das jetzt her?«

Auf die Armlehnen? Zu herrisch.

»Fünfzehn Jahre.«

Letztendlich lässt er die Hände einfach im Schoß liegen.

»Du glaubst nicht, wie die anderen Arbeiter geredet haben, als ich dich eingestellt hab. Hast damals noch fast kein Wort Deutsch können.«

Nun fassen seine Hände sich gegenseitig, kneten einander gereizt. Immer wenn er was vom Chef will, tut dieser, als dürfe er nur dessen Barmherzigkeit wegen in der Firma arbeiten.

»Fünfzehn Jahre er hat gearbeitet bei dir, und wegen einem Ausrutscher willst du kündigen ihn jetzt.«

Der Chef richtet sich im Sessel auf.

»Nimm dich ein wenig zurück, Florin.«

»Ist ja so!«

»Du weißt genau, wie er sich jeden Tag in der Arbeit ansäuft.«

Florin bemerkt, wie sich das Brillengestell zwischen seinen Fingern biegt.

»Und du auch weißt genau, dass jeder von uns immer wieder mal trinkt in der Arbeit!«

Das Gestell bricht an einem Gelenk.

»Ja, und normalerweise wäre das ein Grund, einen jeden von euch fristlos zu kündigen!«, schreit er.

Florin schweigt, hält dem Blick des Chefs stand. Nach ein paar Atemzügen senkt dieser den Kopf, schaut auf die kaputte Brille hinab. Er legt sie auf den Tisch und fährt sich seufzend mit der Hand übers Gesicht. Mit gesenkter Stimme fährt er fort:

»Aber ich weiß, was ihr leistet, und deswegen tu ich so, als würd ich das alles nicht mitkriegen.«

Eine Weile schweigen sie. Florin mustert den Polierplan vor sich auf dem Tisch. Das Licht ist bereits zu schwach, um die kleingedruckten Beschriftungen rund um die Wände und Öffnungen entziffern zu können.

»Und Gustl –«

»Pass auf, Florin«, fällt ihm der Chef ins Wort. »Ständig, wirklich ständig, beschweren sich die Bauherren bei mir, weil ein Arbeiter auf ihrer Baustelle vor lauter Suff nicht einmal mehr gerade stehen kann. Und ich red den Gustl da immer irgendwie heraus, weil ich weiß, dass er trotz allem fleißig und zuverlässig ist. Aber wenn er mir nicht einmal mehr *das* bieten kann, wenn er zwei Stunden zu spät von seiner Mittagspause beim Jeitler zurückkommt, obwohl am Bauhof noch haufenweise Körbe zu binden sind, dann muss ich was tun. Ich kann ihn nicht dafür zahlen, dass er sich beim Wirt hemmungslos niedersäuft.«

Florin schweigt, lauscht dem anschwellenden Regen hinter den Fenstern. Nach einer Zeit hebt er wieder den Blick.

»Ich verstehe dich. Nur glaubst du, was er wird machen, wenn er verliert diese Arbeit? Wer ihn wird nehmen? Er hat kein Auto und, wir alle zwei wissen das, er kann nicht ohne Alkohol. Du ruinierst ihn.«

Die Sonne geht wahrscheinlich gerade hinter dem Wolkenvorhang unter. Das wenige Licht, das noch durch die Fenster fällt, reicht gerade aus, um die Konturen des Chefs zu erkennen. Als würde ein Schatten vor ihm sitzen.

»Es ist schon spät. Lassen wir's gut sein, Florin.«

»Aber …« Florin hält inne, schließt den Mund wieder. Steht schließlich auf und geht zur Bürotür. Bevor er den Raum verlässt, dreht er sich nochmal um. Der Chef macht keine Anstalten, sich wieder dem Computer zuzuwenden. Im Halbdunkel kommt es Florin so vor, als würde er die kaputte Brille auf dem Tisch betrachten.

»Wolfgang?«

»Ja?«

»Bitte denk nach darüber.«

3

Während Edith das Schloss zur Wohnungstür aufdreht, fasst Gustav ihr von hinten an den Arsch und liebkost sie am Hals. Sie wendet ihm den Kopf zu und küsst ihn, schmeckt

Zirbenschnaps auf seiner rauen Zunge und stolpert, von seinem Gewicht geschoben, in die Wohnung. Drinnen ist es warm. Viel mehr nimmt sie von der Umgebung nicht wahr, ehe er ihr die halboffene Bluse vom Leib streift. Als sie dasselbe mit seinem Hemd macht, fühlt sie nasse Stellen am Stoff. Schweiß oder Bier? Eben steht er noch geil lächelnd vor ihr und starrt ihren Busen an, dann liegen sie schon auf der Couch, und Edith stöhnt leise, während er an ihren Nippeln saugt. Die Couch beginnt sich seltsam um sie zu drehen und sie landen unsanft auf dem Laminatboden. Im nächsten Augenblick kniet sie vor ihm und löst seinen Gürtel. Schweiß auf der Zunge, strenger Schweiß, dann einige verschwommene Bilder, bis sie nackt unter ihm im Bett liegt und die Finger ins Leintuch krallt, als er das erste Mal in sie eindringt.

Der Kaffeedunst steigt ihr angenehm in die Nase, lindert das Stechen im Kopf. Ein wenig Morgensonne graut zwischen den heruntergelassenen Jalousien in die Wohnküche. Ab und zu nippt sie an der Tasse und blättert unkonzentriert im Fragenkatalog für die Taxilenkerprüfung, als Gustav oben ohne aus dem Schlafzimmer trottet. Edith blickt ihn an, und er lächelt ihr verschlafen zu.

Schön ist er nicht, denkt sie. Er hat eine Wampe und seltsam verteiltes Brusthaar. Aber er gibt sich vorerst mit ihr zufrieden, verzieht auch jetzt bei ihrem Anblick keine Miene, obwohl sie sich noch nicht geschminkt hat. Mehr verlangt sie gar nicht.

»Kaffee?«

»Gerne.«

Sie deutet auf die schmale Küchenzeile, wo neben der versifften Abwasch und zwei Gussherdplatten die Filterkaffeemaschine und eine Tetrapackung Haltbarmilch steht.

»Tassen sind oben links im Schrank. Zucker hab ich keinen.«

Er schenkt sich ein und setzt sich zu ihr an den Tisch, nippt still an seiner Tasse. Edith bemerkt bald aus den Augenwinkeln, wie er sich an der Narbe kratzt.

»Dein Bulgare denkt an dich«, murmelt sie trocken, ohne den Blick vom Fragenkatalog zu heben.

Gustav unterbricht das Kratzen, blinzelt ihr fragend zu.

»Du hast doch erzählt«, sie hebt einen Mundwinkel und deutet mit dem Kinn zu seiner Narbe, »dass das ein Bulgare mit einer Glasflasche war. Wahrscheinlich juckt sie jedes Mal, wenn er an dich denkt.«

Er schnauft belustigt.

»Dem hab ich genug Gründe gegeben, an mich zu denken. Gehört normal auf Lebensdauer weggesperrt, das ganze Gesindel.«

Zu Ediths gehobenem Mundwinkel gesellt sich ein Stirnrunzeln.

»Gesindel?«

»Mhm. Wie soll ich sonst zu den Zigeunern sagen?«

»Dein Freund aus der Arbeit heißt doch Florin, oder?«

»Der ist anders.«

Diesmal schnauft sie belustigt.

»Aha?«

Gustav runzelt die Stirn.

»Jetzt pass einmal auf. Ich kenn nicht viele Hackler, die so hart arbeiten wie der Florin. Vor zehn Jahren ist der noch mit dem Fahrrad in die Arbeit gefahren. Jetzt hat er Familie, Haus und Auto. Der hat sich was aufgebaut. Nicht so wie –«

»Du.«

Gustavs Blick erstarrt, haftet an Ediths Augen. Die Lippen hat er zu einem Strich zusammengepresst.

»Haben wir uns zum Streiten getroffen?«

Sie blinzelt, schaut beschämt auf den Fragenkatalog. Warum macht sie das immer? Kein Wunder, dass es niemand lang mit ihr aushält.

Die beiden schweigen in sich hinein, trinken Kaffee. Während sie Eselsohren in die Seiten knickt, stellt Edith fest, dass sie die Antworten auf die ersten zehn Fragen schon wieder vergessen hat.

»Wohnst noch nicht lange da, oder?«

Sie schaut zu Gustav hinüber. Sein Blick wandert sinnend durch die Wohnung.

»Wie kommst du da drauf?«

»Schaut im Vergleich zu deinem rosa Sportwagen ein wenig trostlos aus. Die Wohnung, mein ich. Ein Haufen Dübellöcher in den Wänden, wahrscheinlich vom Vormieter. Und die paar Möbel«, er greift nach der Tischplatte und zieht ein paar Mal daran, sodass die lockeren Beine darunter wackeln, »hast wahrscheinlich irgendwo gratis ergaunert.«

Sie setzt kurz ein anerkennendes Lächeln auf und liest dann im Fragenkatalog weiter. Er hat schon recht. Dass sie momentan keine Kraft findet, die Wohnung auf Vordermann zu bringen, verschweigt sie. Als sie den Daihatsu herausgeputzt hat, hat im Gegensatz zu den letzten Wochen noch die manische Phase die Oberhand gehabt.

»Außerdem hast hinter dir noch etliche Umzugsschachteln stehen. Was ist das eigentlich?«

Er lehnt sich etwas zur Seite, um an ihr vorbeisehen zu können, worauf sie sich umdreht und bemerkt, dass er ihren Geigenkoffer anschaut.

»Genau das. Zeig mal her.«

Sie presst die Lippen zusammen, zwingt ihren Blick auf den Katalog zurück.

»Das ist uninteressant.«

Ohne sie zu beachten, steht er auf und geht um den Tisch herum. Mit einem Ruck springt Edith auf und stellt sich vor ihn.

»Uninteressant, hab ich gesagt«, presst sie noch einmal hervor.

Gustav zuckt erschrocken zurück, legt seine Hand dann allerdings sanft auf ihre Schulter.

»Keine Angst, bin ja nur neugierig. Ist das eine Geige?«

Ihre geballten Fäuste lösen sich langsam. Zögerlich nickt sie.

»Darf ich sie sehen?«

Eine Weile blickt sie ihn noch unschlüssig an, dreht sich dann um und stellt den Koffer auf den Tisch, öffnet ihn. Gustavs Augen weiten sich.

»Kannst mir was vorspielen?«

»Nein.« Zu lange her, denkt sie. Sie würde sich blamieren.

Gustav mustert sie stirnrunzelnd.

»Wie kannst du dir sowas überhaupt leisten?«

Kurz presst sie die Zähne zusammen, nimmt sich dann aber zurück. Sie haben sich nicht zum Streiten getroffen.

»Hab sie als Kind von meinen Eltern bekommen.«

Still sehen sie sich an, und Edith kommt es so vor, als umspiele ein Anflug von Verachtung Gustavs Mundwinkel.

»Feines Haus, hm?«

Sie schlägt den Deckel zu und legt den Koffer zu den Schachteln zurück.

»Was ist jetzt auf einmal los?«

Die Fäuste sind wieder gespannt, die Zähne mahlen. Sie hat keine Lust mehr, sich zurückzuhalten.

»Du brauchst nicht glauben, ich wüsste nicht, was du jetzt denkst.« Edith stellt sich so dicht vor Gustav, dass sie den Schlafsand in seinen Augenwinkeln sehen kann. »Was ist denn bei der schiefgelaufen? Hat ja eh immer alles von ihren Eltern bekommen, nicht so wie ich.«

Obwohl er die Kaffeetasse bereits ausgetrunken hat, fault immer noch der Jägermeister von gestern aus seinem Mund.

»Denk, was du denken willst, aber nicht nur arme Eltern können eine Kindheit zerstören.«

Gustav weicht einen Schritt zurück, den Mund leicht geöffnet. Einen Augenblick lang starrt er sie noch an, ehe er ihn wieder schließt.

»Wird, glaub ich, Zeit, dass ich geh.«

Sie schluckt ebenfalls. Setzt sich etwas unbeholfen auf den Sessel zurück. Tut so, als widme sie sich wieder dem Fragenkatalog.

»Mhm. Muss dann eh bald zur Prüfung.«

Aus den Augenwinkeln verfolgt sie, wie Gustav im Schlafzimmer verschwindet, wie er angezogen wieder herauskommt, sich die Schuhe anzieht und kurz zögert, ehe er zur Türklinke greift.

»Du, Gustav«, hebt sie nochmal vorsichtig die Stimme. Er wendet ihr den Kopf halb über die Schulter zu. Sie zögert, erzwingt ein unbeholfenes Kichern. »Schaut so aus, als hätten wir uns wirklich zum Streiten getroffen.«

Ausdruckslos ruht sein Blick auf ihr, bevor er die Tür öffnet und geht.

Edith stützt die Ellbogen auf den Tisch und fährt sich mit den Fingern durch die fettigen Haare. Starrt mit weit aufgerissenen Augen auf den Fragenkatalog, nein, durch ihn hindurch. Tief hinunter in das Loch, in das sie gerade fällt.

Bis sie schließlich aufsteht, eine Flasche Baileys aus dem Schrank holt und den Inhalt in die Kaffeetasse gießt.

4

»Schau dir das an!«, ruft Gustl aus der Künette zu Florin hoch, sticht mit der Schaufel in die Erde, hebt sie hoch und fuchtelt damit herum. Der feuchte Lehmklumpen klebt so, wie er aus dem Grund gestochen wurde, an der Schaufel und löst sich erst, als Gustl ihn mit dem Gummistiefel vom Stahl schabt. »Sklavenarbeit ist das, sag ich dir!«

Nebelfeuchter Wind fährt Florin in den Kragen. Er schließt den Reißverschluss der Arbeitsjacke bis ganz nach oben hin und zieht das Kinn ein, schaut dabei auf seine Arbeitsschuhe. An jedem von ihnen klebt fast genauso viel Lehm wie eben auf Gustls Schaufel. Bei dem Tempo werden sie heute nicht einmal das Drainagerohr einlegen können.

An der Kante einer der vielen Betonstützwände im Garten schabt er den Dreck so gut es geht von den Sohlen, streift die Arbeitshandschuhe ab und klemmt sie unter eine Achsel. Ein paar Mal ballt er die kalten Hände zur Faust und öffnet sie wieder, ehe er sich zwischen zwei verholzte Ligustersträucher stellt und das Hosentürl öffnet, um Wasser zu lassen. Während das feuchte Gras unterm Urin zu dampfen beginnt, schaut er sich im Garten um.

Das ganze Grundstück wurde vom Architekten ursprünglich in vielen Terrassen angelegt. Flechtenbedeckte Betonmauern unterteilen die verwilderten Grünflächen in verschiedene Ebenen, sodass man mit dem Bagger nicht zum Haus hinauffahren kann. Angeblich wurde es in den Siebzigern gebaut. Ziemlich modern, mit Flachdach und Glasfassaden. Und schon so baufällig, dass ein Neubau wahrscheinlich billiger wäre als die Renovierung, die der Chef übernommen hat.

Florin runzelt die Stirn, als er abschüttelt und die Hose schließt. Bevor er die Handschuhe wieder überzieht, beschaut er noch kurz seine bleichen Finger. Früher hat ihm die Arbeit im Freien nie etwas ausgemacht, seit ein paar Monaten werden ihm die Finger bei kaltem Wetter allerdings taub und blutleer. Er reibt die Hände aneinander, um sie zu wärmen. Zum Arzt solle er damit gehen, hat Sonja gemeint, weil die Finger manchmal brennen, wenn es ganz schlimm wird. Der ordiniert aber nur unter der Woche, und Florin will keinen Urlaubstag herschenken, nur um dann wahrscheinlich gesagt zu bekommen, dass er mehr im Warmen arbeiten soll.

Hinter ihm flucht Gustl in der hüfttiefen Künette vor sich hin. Sklavenarbeit, denkt Florin, dreht sich um und geht zu seinem Freund zurück.

»Mach ma mal Mittag. Wird noch dauern sowieso.«

Als die Tür zufällt, hallt es durch die kahlen Räume. Zwischenwände und Boden samt Estrich wurden bereits herausgerissen. Von draußen drückt Nebel gegen die raumhohen Glasfenster. Gustl legt seine Kühltasche auf den Boden und holt dann zwei Malerkübel aus einer Ecke, die er umdreht und in Schrittlänge voneinander entfernt aufstellt. Florin nimmt Gustl gegenüber auf einem der Kübel Platz, legt Arbeitshandschuhe und Rucksack ab und holt eine Tupperbox mit Pasta asciutta heraus, die Sonja ihm am Vortag gekocht hat. Indessen hält Gustl ihm eine Dose Wieselburger hin, die Augenbrauen fragend angehoben. Kurz zögert der, greift dann aber zu und bedankt sich mit einem knappen Nicken.

Gustl holt sich noch eine Dose und eine Leberkässemmel aus der Tasche, während Florin nachdenklich mit dem Fingernagel übers Blech kratzt.

»Du, Gustl …«

Gustl beißt von seiner Semmel ab, blinzelt.

»Du weißt eh, dass der Chef mitkriegt das alles. Mit dem Bier und so.«

Er kaut, blickt ihm ernst entgegen.

»Vielleicht ist besser, passt du auf ein bisserl, dass er nicht sieht alles.«

Und schluckt.

»Hab nie ein Geheimnis draus gemacht.«

Florin wendet die Bierdose in der Hand, liest einen Teil vom Kleingedruckten und vergisst ihn gleich wieder.

»Und wenn … du vielleicht … ein bisserl weniger …«

Gustl legt die Semmel auf die Tasche und lehnt sich nach vor, einen Ellbogen aufs Knie gestützt.

»Was soll das jetzt heißen?«

»Ich meine … da, deine Narbe zum Beispiel. Schau, bist du gefallen damals rauschig von Gerüst. Hast gehabt Glück, dass nicht mehr ist passiert.«

Er stutzt, wendet den Blick ab. Die Glasfenster dämpfen das Dröhnen eines vorbeifahrenden Lastwagens. Florin reibt die kalten Finger und schielt auf seine Arbeitshandschuhe, die neben dem Rucksack auf dem Boden liegen, überlegt kurz, sie wieder anzuziehen.

»Das ist«, hebt Gustl mit einer Stimme an, die auf Florin eher enttäuscht als zornig wirkt, »als würd ich dich fragen, ob du beim Arbeiten nicht öfter auf die da verzichten willst.«

»Was meinst du?«

Florin bemerkt, dass auch Gustl jetzt die Handschuhe am Boden fixiert.

»Naja.« Er stellt das Bier zur Seite. »Ohne verbrennst dir im Sommer die Hände am heißen Bewehrungsstahl und frierst dir im Winter dran die Finger ab. In einer Tour schneidest dich am Bindedraht, und wennst Pech hast, holst dir dabei irgendwann eine Blutvergiftung.«

Florin stellt auch seine Dose und die Tupperbox weg, hebt die ledernen Handschuhe auf. Sie riechen nach Lehm und Schweiß.

»Wenn ich trinke, ist das, wie wenn mich wer in Watte einpackt. Tut dann nicht mehr so weh, wenn mich die Leute schief anschauen. Muss nicht ständig dran denken, wie der Vater bei Verwandtschaftsbesuchen immer lustig herumerzählt hat, dass ich mit zwölf immer noch Bettnässer war oder dass ich Dummerl durch die Lehrabschlussprüfung geflogen bin.« Gustl schaut ihn ernst an. »Dass mein Opa, der mir mehr Vater wie mein eigener war, nur ein paar Wochen vorher an einem Herzinfarkt gestorben ist, hat er dabei immer ausgelassen.«

Florin mustert eine aufgerissene Naht an einem der beiden Handschuhe.

»Manche arbeiten ohne.«

»Mhm, die gibt's auch. Stecken die Wunden ein, wie wenn nichts wäre. Nur kriegen sie mit der Zeit ganz vernarbte und verhornte Hände, die überhaupt kein Gefühl mehr haben.« Zögerlich greift Gustl nach seiner Dose, betrachtet sie kurz mit zusammengepressten Lippen, ehe er sie öffnet und einen Schluck trinkt.

»Ich bin nicht so. Leider. Solange ich nüchtern bin, erinnert mich alles und jeder um mich herum daran, dass ich's mit sechsundvierzig gerade einmal zu einem Hilfsschackl bei einer Baufirma gebracht hab, die den Lohn nicht am Monatsersten auszahlt, sondern immer dann, wenn sie gerade mal wieder schwarze Zahlen schreibt.« Er verstummt, kratzt sich nach einer Weile an der Narbe. »Und dass ich immer noch allein bin.«

Florin schaut auf, sieht, wie Gustls Blick in der Öffnung der Bierdose versinkt.

»Ist mit Edith vorbei?«

»Nein. Haben uns eh wieder halbwegs zusammengerauft.« Er macht eine Pause. »Nur schreibt sie jetzt immerfort mit einem Mann. Wenn ich sie nach ihm frag, blockt sie ab und redet irgendwas von einem alten Freund.«

»Vielleicht er ist das auch.«

»Ja, eh.«

Einmal noch mustert Florin kurz die Handschuhe, schnalzt dann mit der Zunge und wirft sie wieder neben dem Rucksack auf den Boden.

»Wenn ihr mögt«, meint er, »könnt ihr kommen am Sonntag zu uns Mittagessen. Sonja macht Schweinsbraten.«

Gustl erwidert Florins Blick. Hebt dabei kaum merklich die Mundwinkel.

»Gern.«

5

Angespannt fährt sich Edith mit der Zunge über die Lippen, zieht einen Fuß zu sich auf den Sessel und liest den Brief noch einmal von vorne. Hinterm Wohnküchenfenster greifen kahle Ahornzweige aus dem Nebel.

Irgendwas vom *Ausgang Ihres Kurses zur Personenbeförderung mittels PKW* und *Nachweis Ihres Arbeitswillens zur Aufrechterhaltung des Anspruches auf Mindestsicherung* steht darin geschrieben. Sie fragt sich, warum die vom AMS alles immer so umständlich formulieren müssen. Angesoffen ist sie zur Taxiprüfung gekommen und deswegen durchgefallen. Und jetzt muss sie sich schleunigst einen neuen Kurs suchen, weil sie sonst kein Geld mehr bekommt. Punkt.

Ihr Handy vibriert auf dem Tisch und sie schaut von dem Papier auf. Der schon wieder.

Morgen ist der Gerichtstermin (11:19)

Wäre nicht der erste. Jürgen hatte in den letzten Jahren mehrere Mahnklagen bekommen, die alle im Sand verliefen, weil Edith den Mietrückstand bezahlte. Als er dann wieder nicht zahlte und schließlich die Räumungsklage kam, packte sie ihre Sachen und zog aus.

Ihr Hintern beginnt von der Haltung auf dem harten Holzstuhl zu schmerzen. Sie lässt den Fuß wieder von der Sitzfläche gleiten und lehnt sich über den Tisch, tippt die Antwort in den Touchscreen.

Und was willst du jetzt von mir??? (11:22)

Ich steh bald auf der Straße (11:24)

Und ich hab dich was gefragt (11:25)

Wo wohnst du jetzt eigentlich? Würd gern vorbeikommen und mich persönlich für das alles entschuldigen (11:35)

Drückt sich vor der Antwort, das Arschloch. Edith legt das Handy auf den Tisch zurück und steht auf, um sich einen Spritzer zu machen. In Wahrheit will er nur wissen, wo sie wohnt, damit er sich bei ihr in der Wohnung einschleichen kann, sobald er seine verloren hat. Braucht ja das Geld für seine Drogen, Schulden hin oder her.

Auch wenn er nur leicht gemischt ist, der Spritzer beruhigt ein wenig. Mit übergeschlagenen Beinen sitzt sie zurückgelehnt da und scrollt durch Facebook, lenkt sich mit Katzenvideos und dergleichen von der Frage ab, wie sie selbst ihre Wohnung auf Dauer behalten will. Bald gehen ihr die Kurse beim AMS aus. Das Glas ist schon fast leer, als ihr Handy wieder vibriert.

Na gut dann ignorier mich halt du schlampe!!!! Werd an dich denken wenn ich wegen dir dann unter der brücke schlafe!!!!!!!! (12:05)

Anlass genug für den nächsten Spritzer, denkt sie. Diesmal mischt sie ihn ein wenig stärker. Es prickelt auf der Zunge. Als sie den Alkohol nach und nach zu spüren beginnt, vergisst sie ihren Unmut allmählich und widmet ihre ganze Aufmerksamkeit den Facebook-Videos. Sie sieht sich an, wie junge Leute halbtote Straßenhunde retten und wieder gesund pflegen, wie ein selbsternannter Patriot mit zornrotem Gesicht seine Meinung zur gegenwärtigen Politik kundtut und wie eine junge Violinistin den Song *Thriller* von Michael Jackson auf der Geige covert. Nach dem Video nimmt sie einen Schluck aus dem Spritzerglas und schaut zum Geigenkoffer, zwingt den Blick sogleich wieder zum Handy, scrollt weiter, kann sich allerdings nicht mehr auf die Videos und Statusmeldungen konzentrieren. Wenn sie wieder Geigenstunden geben würde, würde es sich mit dem Geld schon irgendwie ausgehen. Aber kann sie es noch?

Wieder blickt sie zum Koffer, kaut eine Zeit lang auf der Unterlippe herum, ehe sie das Handy weglegt, aufsteht und ihn öffnet. Sie klemmt den Geigenkörper unters Kinn, fühlt die angenehme Kühle, die vom Ebenholz ausgeht. Die meisten Geigenspieler klagen über Nackenprobleme wegen der einseitigen Haltung. Vielleicht liegt es an ihrem kurzen Hals, aber Edith hatte nie derartige Beschwerden. Eine Weile zupft sie an den Saiten, stimmt sie, indem sie vorsichtig an den Wirbeln dreht.

Als kein schiefer Klang mehr zu hören ist, nimmt sie den Bogen in die Rechte, klemmt ihn zwischen Daumen und

Mittelfinger, balanciert ihn mit den restlichen Fingern aus. Auch die Bogenhaltung macht den Anfängern oft Probleme. Für Edith fühlt sie sich trotz all der Jahre immer noch natürlich an. So als würde sie eine Gabel oder einen Bleistift halten. Schließlich legt sie den linken Daumen an den Geigenhals und streicht mit dem Bogen über die G-Saite. Die Vibration, mit der die Geige den tiefen Ton erzeugt, fährt zuerst in ihr Schlüsselbein und von dort aus in den ganzen Körper, sorgt für Gänsehaut.

Und Ruhe.

Keine oberflächliche Betäubung, wie sie es vom Alkohol kennt. Hier reicht die Entspannung bis tief ins Mark hinein. Ein Gefühl, das sie beinahe schon vergessen hatte. Sogar ihr Herz schlägt ein wenig langsamer, kommt ihr vor.

Einmal spielt sie die G-Dur-Tonleiter auf und ab. Noch ein zweites Mal. Dann versucht sie ein Lied. Sachte fährt der Bogen über die Saiten und zieht reine, volle Klänge aus ihnen, die sich zuerst etwas widerspenstig, nach und nach jedoch immer harmonischer zu einer Melodie ordnen. Es ist ein volkstümliches Wiegenlied. Eines der ersten richtigen Stücke, die sie auf der Geige gelernt hat. Wochenlang hat sie das Lied damals geübt, sodass ihr die Akkorde selbst nach all den musiklosen Jahren immer noch im Gedächtnis haften.

Die Klänge füllen den kargen Raum, verleihen ihm Farbe. Edith neigt ihren Körper mit der Melodie, schließt irgendwann die Augen und verliert sich in ihr – bis sie sich im Akkord vergreift und der schrille Fehlklang sie aus ihrer Trance reißt.

Beim zweiten Anlauf kommt der erste Fehler noch früher, beim dritten schon nach wenigen Sekunden. Sie legt die Geige in den Koffer zurück und lässt sich auf den Sessel fallen. Lange noch haftet ihr Blick an dem Instrument. Lange noch denkt sie darüber nach, wie alles Schöne, das sie anfängt, ein hässliches Ende nimmt.

Eigentlich hat Jürgen ja recht. Edith hat bei ihm gewohnt, und auch wenn die Wohnung auf ihn geschrieben war, hätte sie ihn mit der Miete mehr unterstützen können. Jetzt steht er wegen ihr bald auf der Straße. Sie schenkt sich noch ein paar Spritzer ein, nimmt irgendwann das Handy in die Hand und antwortet auf Jürgens Nachrichten.

6

Die Weckermelodie sticht Gustav wie ein Messer ins Hirn. *Thunderstruck* von AC/DC. Früher einmal sein Lieblingslied. Nach zwei Jahren als Weckerklingelton muss er inzwischen allerdings das Radio abschalten, wenn es gespielt wird. Erst Ediths Murren und ein paar Ellbogenstöße bringen ihn dazu, sich von ihr wegzudrehen und blind zum Handy auf dem Nachtkasten zu greifen. Anstatt es zu fassen, stößt er das Smartphone versehentlich von dem kleinen Kasten, und es scheppert mit einer Lautstärke auf den Boden, die Gustav einen weiteren Stich versetzt und Edith ein bedeutend genervteres Murren abnötigt. Nun öffnet er doch die Augen, fischt vom Bettrand aus mit der Hand nach dem durch die Vibration über den Boden schwimmenden Handy und drückt auf Snooze, als er es endlich in die Hand bekommt. Noch fünfzehn Minuten Ruhe.

Er legt es zurück auf den Nachtkasten, schließt die Augen und wälzt sich wieder zu Edith, legt den Arm über sie und gleitet gerade wieder in den Schlaf zurück, als die Türklingel läutet.

Er ist zu müde, um sich Gedanken darüber zu machen, warum um diese Zeit jemand vor ihrer Tür steht. Geschweige denn darüber, warum sie sofort aufspringt und im Pyjama aus dem Schlafzimmer eilt. Er nuschelt ihr noch eine Frage hinterher, die er in derselben Sekunde wieder vergisst, doch sie reagiert nicht auf ihn. Stattdessen drückt er ihren nach Herbstzeitlosenshampoo riechenden Polster an sich.

Als dann Ediths Zornesschreie durch die angelehnte Schlafzimmertür dringen, reißt er die Augen auf. Während ihrer Atempausen vernimmt er die leise, jedoch angespannte Stimme eines Mannes.

Die Müdigkeit verfliegt augenblicklich. Er springt aus dem Bett, streift sich Jeans und Leiberl über und eilt in die unbeleuchtete Wohnküche, wo er schemenhaft sieht, wie Edith auf einen hageren Typen mit schulterlangem Haar einschreit. Als der Fremde Gustav erblickt, fällt er Edith mitten im Satz ins Wort:

»Aha, und das ist dein Neuer?«

Edith wendet sich Gustav zu. »Ich regle das schon«, meint sie und versucht ihn durch die Tür zurückzuschieben. »Bitte bleib im Zimmer.«

»Bist noch keine zwei Monate bei mir ausgezogen, du Schlampe.«

Jetzt ist es Gustav, der Edith zur Seite schiebt und mit geballten Fäusten auf den Unbekannten zurast.

»Was hast grad zu ihr gesagt?«

Eine Handbreite vor dem Gesicht des Langhaarigen kommt er zum Stehen.

»Was geht dich das an, Glatzerter?«

Gustav packt den Mann am Kragen und drückt ihn gegen die Wand.

»Ich hab dich gefragt, was du zu ihr gesagt hast?«

»Schlampe, du Arschgesicht.«

Als Gustav zum Schlag ausholt, zwängt sich Edith zwischen die beiden.

»Aufhören! Jürgen, du verschwindest jetzt!«

Gustav lässt sich von Edith einen Schritt zurückdrängen, bemerkt dabei, wie schief der Mann steht, wie seine Hände zittern und der Kopf immer wieder unwillkürlich zuckt. Kichernd schwankt er zur Tür, öffnet sie. Ein wenig Gangbeleuchtung fällt in die Wohnung. Der Unbekannte dreht sich noch einmal um.

»Ich komm wieder, wenn der mal nicht da ist. Und dann nehm ich dich mit. Ist einsam unter der Brücke.«

Wieder stürzt Gustav auf ihn zu, diesmal mit erhobener Faust, doch der Langhaarige hat die Tür schon zugezogen. Edith wehrt indessen noch immer ab.

»Nein!«, kreischt sie. »Lass ihn. Hör auf!«

Als Gustav sie endlich aus dem Weg geschoben und die Tür aufgerissen hat, hört er unten im Erdgeschoß bereits die Eingangstür aufgehen.

»Wennst nochmal wiederkommst«, schreit er das Stiegenhaus hinunter, »brech ich dir das Genick, verstehn wir uns?«

Die Eingangstür fällt ohne eine Antwort zu, und er bemerkt im Schatten der gegenüberliegenden, spaltweit geöffneten Wohnungstür das runzlige Gesicht einer alten Frau, die ihn entgeistert anstarrt.

Er blinzelt ihr etwas planlos entgegen, und als sie die Tür zuschlägt und versperrt, zieht auch er sich in Ediths Wohnung zurück.

»Was war das jetzt eigentlich?«, fährt er seine Freundin an. Und verstummt, als er durch das Dunkel hindurch den Glanz der Tränen auf ihren Wangen sieht. Einen Augenblick lang steht er mit offenem Mund da, schließt ihn dann und schluckt, geht zu Edith und nimmt sie in die Arme. Sie lehnt das Gesicht an seine Brust, weint leise vor sich hin. Gustav schweigt, legt sein Kinn auf ihren Kopf und atmet den Duft von Herbstzeitlosen.

Der Sonnenaufgang setzt bald ein, und er schweigt weiter. Zu ihren kurzen, von Schluchzern unterbrochenen Erklärungsversuchen. Zu ihren Schuldgeständnissen. Sie habe Jürgen gesagt, wo sie wohnt. Er könne ja sonst nirgendwo mehr hin. Gustav hält sie fest, stiert ins Zwielicht. Ihm liegen Fragen auf der Zunge. Fragen, für die die Zeit gerade nicht richtig ist. Also schweigt er.

Er schweigt auch, als die Polizei an der Tür klopft und fragt, ob alles in Ordnung sei. Wahrscheinlich hat die Nachbarin sie gerufen. Er schweigt, als Edith mit geröteten Augen nickt, es sei alles bestens, nur eine kleine Auseinandersetzung. Die Polizisten mustern Gustav misstrauisch und fragen Edith nochmal, ob sie wirklich keine Hilfe brauche, und sie verneint eifrig.

Als sie wieder gehen, legt Gustav sich nochmal mit Edith ins Bett, hält sie in den Armen. Ständig hebt sie von Neuem zu weinen an, und er ist so in Gedanken, dass er das immer wieder vibrierende Handy am Nachtkasten nicht bemerkt. Erst kurz vor zehn nimmt er es zum ersten Mal in die Hand und sieht die verpassten Anrufe von seinem Chef. Einer von Florin ist auch dabei. Dienstantritt war um sieben.

7

Die Finger schmerzen bereits vom Halten der Akkorde. Als ein Krampf sie zu krümmen beginnt, legt Edith die

Geige weg und streckt sie mit der anderen Hand vorsichtig wieder aus. Danach klemmt sie das Instrument gleich wieder unters Kinn und beginnt von vorne.

Das Wiegenlied läuft schon tadellos. Sie hat am frühen Nachmittag noch damit begonnen, zusätzlich einen eher schnellen Landler einzustudieren. Vereinzelt passieren ihr immer noch Fehler, aber sie glaubt dennoch, Gustav damit eine Freude machen zu können.

Als der letzte Ton verklingt, legt sie Geige und Bogen zur Seite und entsperrt ihr Handy. Zehn vor acht. Er hat immer noch nicht zurückgeschrieben. Anrufen will sie nicht noch einmal. Er hat ja vorher auch nicht abgehoben. Wahrscheinlich ist er noch in der Firma, muss die Verspätung von heute Morgen einarbeiten. Hoffentlich schaut er nachher trotzdem noch bei ihr vorbei. Sie hat den ganzen Tag aufs Trinken verzichtet, um ihm die zwei Stücke vorspielen zu können. Sozusagen als Dankeschön für heute Morgen. Einmal übt sie noch das Wiegenlied, noch einmal, dann den Landler. Es wird viertel nach acht. Sie spielt die Lieder von vorne. Es wird halb neun. Sie ruft Gustav trotzdem noch einmal an. Er hebt nicht ab. Schließlich schluckt sie ihre Hoffnungen hinunter und legt die Geige zurück in den Koffer, putzt sich noch die Zähne, zieht den Pyjama an und geht ins Bett.

Die Türklingel weckt sie. Verschwommene Reste eines Traums dämmern noch durch ihr Bewusstsein, entgleiten ihr schließlich ganz, als die Klingel wieder läutet. Sie schaut auf ihr Handy. Eine halbe Stunde vor Mitternacht. Gähnend steht sie auf, taumelt zur Wohnungstür und nimmt den Hörer der Sprechanlage ans Ohr.

»Hallo?«

Edith versteht die Worte nicht, zu undeutlich. Allerdings erkennt sie Gustavs Stimme.

»Komm herauf«, antwortet sie und betätigt den Türöffner.

Lächelnd öffnet sie die Wohnungstür einen Spalt weit und geht zum Tisch, um die Geige aus dem Koffer zu nehmen. Also ist er doch noch gekommen. Eben will sie die Geige unters Kinn klemmen, als vom Stiegenhaus her ein dumpfer Aufprall in die Wohnung hallt.

Sie legt das Instrument wieder weg und eilt zur Wohnungstür hinaus. Auf halber Strecke zum Erdgeschoß liegt Gustav stöhnend auf der Stiege. Sie kniet sich zu ihm, fragt, was passiert sei, und versucht ihm aufzuhelfen. Zur Antwort erhält sie unwirsches Lallen und wird von ihm weggestoßen.

»Was ist denn los mit dir?«

Schnapsatem steigt ihr in die Nase. Ungelenk zieht sich Gustav am Stiegengeländer hoch und versucht erneut, die restlichen Stufen zu erklimmen. Als er zwei Schritte später nach hinten kippt, packt Edith ihn gerade noch rechtzeitig an der Fleecejacke und zieht ihn in die Senkrechte, woraufhin er sie ungewohnt fest am Handgelenk packt und wieder von sich wegstößt.

Gustav rauschig zu sehen ist ihr nicht neu. Seit sie sich treffen, hat er sich allerdings noch nie derart zugerichtet. Sie stellt sich hinter ihn, während er sich am Geländer entlanghantelt wie an einem Kletterseil und schließlich in die Wohnung torkelt. Als er geradewegs das Schlafzimmer anvisiert, zieht sie ihn zu einem der Sessel am Tisch, auf den er sich kommentarlos plumpsen lässt. Edith setzt sich ihm gegenüber hin.

»Sag, wo warst du?«

In der Arbeit kann er sich nicht so zugerichtet haben, denkt sie. Auch nicht in den paar Stunden danach. Es braucht schon einen ganzen Tag, um sich in so einen Zustand zu saufen.

Die Antwort bleibt aus. Sich an den Tischkanten festhaltend, fixiert Gustav Edith zwar, erkennt sie allerdings nicht. Er erinnert sie ein wenig an ein Reh, das ins Scheinwerferlicht eines herannahenden Autos stiert.

»Haallooo! Ich bin's, Edith! Warum sagst du nichts?«

Keine Gefühlsregung in dem schweißfeuchten Gesicht, hinter den glasigen Augen. Als hätten Schnaps und Bier ihn tief in sich selbst hineingesperrt.

Liegt es an der Sache mit Jürgen? Sie seufzt.

»Ich wollte dir eh von ihm erzählen. Nur habe ich mich gefürchtet, dass du die Sache in den falschen Hals bekommst.«

Keine Reaktion.

»Gustav? Hörst du mich denn überhaupt nicht?«

Er grunzt langsam. Edith betrachtet ihn aufmerksam, ehe sie ein stilles Plätschern und stechenden Geruch vernimmt. Sie blickt unter den Tisch und sieht den Urin aus Gustavs nassem Hosenbein laufen.

»Spinnst du? Steh auf und geh aufs Klo! Sofort!«

Sie steht auf und packt ihn an der Jacke, will ihn hochreißen und zum Klo ziehen, muss allerdings einem ungeschickten Faustschlag ausweichen.

»Dir geht's doch nicht gut!«, schreit sie und weicht zur Küchenzeile zurück, die mit schmutzigem Geschirr vollgestellt ist.

Wahrscheinlich um sich hochzuziehen, greift Gustav mit der rechten Hand nach der Tischkante, verfehlt sie allerdings und packt stattdessen den Hals der Geige.

»Lass sie sofort los!«, schreit Edith, packt wie ferngesteuert eine Kaffeetasse von der Küchenzeile und wirft sie nach Gustav. Das Häferl trifft ihn an der Schläfe und zerbricht danach auf dem Boden. Gustav erstarrt, lässt die Geige los und fasst sich an die Beule, die neben seinem Auge anschwillt. Edith legt die Handfläche über ihren offenen Mund.

»O mein Gott, das wollte ich nicht«, murmelt sie und geht auf Gustav zu, fasst vorsichtig nach der verletzten Stelle.

Und schafft es nicht mehr rechtzeitig auszuweichen, als er knurrend ihren Oberarm packt und sich diesmal an ihr hochziehen will. Sie kann ihn allerdings nicht halten und stürzt mit ihm auf den Tisch, dessen Beine unter ihrer beider Gewicht krachend einknicken.

Edith wälzt sich auf den Bauch, hievt sich auf die Knie. Sie blickt auf Gustav hinab. Reglos liegt er auf der Seite, blinzelt ins Nichts. Eine Weile betrachtet sie ihn gedankenleer.

Bis sie die zerborstene Geige unter seinem Körper bemerkt.

Edith gibt ihm eine Ohrfeige. Noch eine. Hämmert kraftlos mit der Faust auf seine Brust ein und schreit ihn an. Wieder und wieder. Erst als ihr die Stimme versagt, bemerkt sie, wie sich Gustavs Hand um ihren Hals schließt.

Vergeblich versucht sie sich aus seinem Griff zu befreien, tritt wie verrückt nach ihm. Als der erste Faustschlag ihr Gesicht trifft, erschlaffen ihre Glieder vor Schreck, sodass sie keine Chance hat, den zweiten abzufangen. Den dritten nimmt sie gar nicht mehr wahr.

8

Florin stemmt die linke Hand in die Hüfte, fährt sich mit der rechten übers Gesicht. Blickt dann seufzend auf den acht Monate alten Magyar Vizsla hinab, der neben seinem Haufen auf dem Teppich sitzt und schuldbewusst die Ohren anlegt.

»Warum schon wieder?«

Sein Gesprächspartner hält den Kopf gesenkt, schielt aber vorsichtig zu ihm hinauf.

»Schau, haben wir schon so oft gesprochen darüber.«

Ein einsichtiges Winseln kommt zur Antwort. Florin seufzt noch einmal.

»Na gut. Ist halt so. Ich gleich gehe raus mit dir. Aber zuerst muss ich wegmachen deinen Dreck.«

Erleichtert springt Diego auf und hopst schwanzwedelnd zur Eingangstür, während Florin in die Küche geht, um ein Sackerl fürs Gackerl zu holen. Im nach Kümmelbraten duftenden Raum steht Sonja vor mehreren brodelnden Töpfen, rührt hastig in einem herum, schmeckt den Inhalt des anderen kurz ab, salzt nach und bückt sich gleich darauf zum Ofen herab, öffnet die Tür, aus der ihr Dampf entgegensteigt, und gießt mit einem Schöpfer etwas Saft über den darin brutzelnden Braten.

»Du Sonja, wo wir haben die Gackerlsackerl?«, ruft Florin in das Dröhnen des Dunstabzugs hinein.

»Was hast du gesagt?«

Seine Frau dreht sich halb zu ihm um und blickt ihn stirnrunzelnd an.

»Die Sackerl für Hundemist!«

»Weiß ich nicht, aber du kannst mir Schnittlauch aus dem Garten holen. Brauch ich noch für die Suppe.«

Sie nimmt ein Messer aus der Besteckslade, drückt es ihm in die Hand und widmet sich wieder ihren Töpfen.

»Aber muss ich zuerst wegräumen den Hundemist. Gustl kommt gleich mit seiner Freundin.«

Entweder hört sie ihn nicht oder sie ignoriert ihn.

»Wenn du den Schnittlauch gebracht hast, kannst du gleich den Tisch aufdecken. Ich hab hier noch genug zu tun.«

»Aber …«

»Nix aber.«

Mit hängenden Schultern macht Florin kehrt und schlurft zurück in den Gang, wo Stefanie gerade mit Kopfhörern die Stiege heruntereilt.

»Halt, stopp!«

Sie bremst vor Florins gehobener Hand ein, seufzt theatralisch und zupft einen Kopfhörer aus dem Ohr.

»Was ist?«

Florin deutet auf den angekoteten Teppich vor dem Fußende der Stiege.

»Grauslich.«

»Steffi«, hebt Florin an und hält ihr das zum Schnittlauchabschneiden bestimmte Messer mit dem Griff entgegen, »kannst du holen Schnittlauch aus dem Garten und aufdecken nachher. Mama hat alle Hände voll und muss ich wegmachen den Dreck, bevor Gustl kommt.«

Sie schneidet eine genervte Grimasse, steigt dann mit einem Ausfallschritt über den Teppich hinweg und geht weiter in Richtung Haustür.

»Hab keine Zeit, Papa. Bin in zehn Minuten mit Magda und den anderen beim Badesee verabredet«, erklärt sie, während sie in ihre Sneakers schlüpft.

»Ich hab gedacht, du bleibst zum Mittagessen mit uns? Wie kommst du überhaupt hin dort?«

»Chris holt mich ab.«

»Wer ist Chris?«

Wieder dieses übertriebene Seufzen.

»Mein Freund, Papa.«

»Du hast einen Freund?«

Und schon wieder.

»Ich muss jetzt los. Er wartet schon mit dem Auto vorm Haus.«

Sie schlüpft durch die Haustür.

»Warte!« Jetzt ist er es, der seufzt. »Weißt du wenigstens, wo sind die Gackerlsackerl?«

Er massiert sich die Schläfen und starrt auf den Teppich, als Stefanie noch einmal den Kopf durch den Türspalt steckt.

»Im Wohnzimmerkasten in der oberen Lade.«

Kopfschüttelnd blickt er ihr hinterher, ehe er ins Wohnzimmer stampft, wo die Zwillinge gerade auf dem Boden an den Playstation-Controllern sitzen und aufgemotzte Sportwägen über den Fernsehbildschirm jagen.

»He, ihr zwei«, hebt Florin an, während er die Plastiksackerlrolle aus der Lade holt. »Zeit für Pause. Müsst ihr helfen Mama beim Tischaufdecken.«

»Du machst es schon wieder, Papa«, antwortet Adrian, ohne den Blick vom Bildschirm zu wenden.

»Es heißt ›ihr müsst‹«, ergänzt Andreas.

Florin beißt sich auf die Unterlippe. Seit ein paar Wochen bilden sich die beiden ein, ihren Vater ständig auf sein mangelhaftes Deutsch aufmerksam machen zu müssen.

»Ist mir egal, ob ich rede richtig oder falsch. In der Küche ist Arbeit für euch.«

»Geht nicht, Papa«, antworten die beiden wie aus einem Mund.

»Und warum?«

»Wir müssen trainieren«, beginnt Adrian, seinen Porsche Cayenne unbeirrt über die virtuelle Asphaltpiste treibend.

»Das letzte Mal hat uns Gustl nämlich bei Need-for-Speed geschlagen«, setzt Andreas fort.

»Weiß nicht, ob er heute spielt mit euch Computer. Seine Freundin kommt mit.«

»Die kann ja nach dem Essen mit euch Kaffee trinken«, erklärt Adrian.

»Gustl ist uns eine Revanche schuldig«, fügt Andreas hinzu.

Florin gibt die Diskussion auf und geht zurück in den Gang, wo Diego sich gerade an die Wand stellt und das Hinterbein hebt.

»Halt-halt-halt, aufhören! Ich geh schon raus mit dir!«

Er packt den Hund gerade noch rechtzeitig am Halsband und zieht ihn weg von der Wand in Richtung Haustür, öffnet diese, worauf sich Diego sogleich durch den Türspalt zwängt und an einer fremden Frau vorbeistürmt, die direkt davor wartet.

Florin mustert verdutzt ihr violettes, fast zugeschwollenes Auge, als er um die Ecke Gustls Lallen vernimmt.

»Hast schon angeläutet, Edith? Ich komm eh schon.«

Die Gespräche am Tisch dauern selten eine Minute. Zumeist beschränken sie sich darauf, dass Gustl lallend Sonjas Kochkünste lobt und Edith dies mit nervösem Lächeln bestätigt. Die Zwillinge waren die Ersten, die sie auf das blaue Auge und die blauen Flecken am Oberarm angesprochen haben. Sie waren auch die Ersten, die wieder das Interesse daran verloren, nachdem sie seltsam kichernd erklärt hatte, die Stiege hinuntergestürzt zu sein. Sonja fragte daraufhin argwöhnisch, wie das genau passiert sei, und Edith antwortete, dass es im Stiegenhaus finster gewesen sei. Warum sie das Licht nicht aufgedreht habe? Ja doch, habe sie ja. Aber warum sei es dann finster gewesen? Nein, sie sei ja eigentlich ausgerutscht, die Stufen waren nass vom Aufwaschen. Florin beobachtete indessen schweigsam Gustl, der das ganze Gespräch über unbeteiligt seinen Braten zerschnitt.

Nun schlürfen alle schweigsam ihren Kaffee und knabbern an Sonjas selbstgemachtem Gitterkuchen. Adrian und Andreas rutschen unruhig auf ihren Sesseln herum und bitten ihre Mutter, vom Tisch aufstehen zu dürfen. Ein knappes Nicken später zischen die beiden schon in Richtung Wohnzimmer davon.

Adrian bremst vor der Tür noch einmal ab, dreht sich um und fragt Gustl, ob er dann nachkomme.

»Kannst dich drauf verlassen«, ruft dieser ihm lächelnd hinterher.

Wieder starren alle wortlos in ihre Kaffeetassen, bis Sonja irgendwann Gustl fixiert und schroff die Stimme hebt:

»Hast schon eine neue Stelle in Aussicht?«

Florin zuckt zusammen und wirft seiner Frau einen mahnenden Blick zu. Der Angesprochene schüttelt jedoch gedankenverloren den Kopf, rührt mit dem Löffel in seiner Tasse herum.

»Wird sich schon noch was finden.«

Mit gesenktem Blick rührt er weiter, steht irgendwann von der Bank auf und entschuldigt sich. Er müsse aufs Häusl.

Florin wartet, bis er die Klotür im Gang draußen zufallen hört, steht dann ebenfalls auf und meint, er habe Diego im Garten bellen gehört, er wolle einmal nachschauen.

Draußen im Gang schließt er die Tür hinter sich und wartet dann vor der Toilette, aus der nach einigen Minuten Gustl mit geröteten Augen hervorkommt, ohne die Spülung betätigt zu haben.

»Komm mit«, sagt Florin und bedeutet ihm mit einem Wink, ihm in den Keller zu folgen.

Flackernd geht die Neonröhre in seinem kleinen Hobbyraum an. Er schiebt die auf der Werkbank liegenden Hobelscharten und Stechbeitel zur Seite, setzt sich auf die Arbeitsfläche und verschränkt die Arme, aber nur zum Teil wegen der feuchten Kühle hier unten. Zögerlich nimmt Gustav ihm gegenüber auf einem ausrangierten Holzschemel Platz.

»Du, ich glaub, deine Burschen warten schon bei der Playstation. Ich dreh noch schnell eine Runde mit ihnen, bevor wir das erste Bier –«

»Hast du sie geschlagen?«

Florin starrt ihn herausfordernd an. Gustl blinzelt indessen, kratzt sich an der Narbe.

»N-nein, ich –«

»Lüg mich nicht an!«

Florin fährt mit seinem Kopf nach vor und blickt in Gustls furchtsam aufgerissene Augen. Hat er schon mal mit seinem Freund geschrien? Er weiß es nicht.

»Halt ich hin meinen Kopf bei dem Chef für dich. Immer wieder. Rede ich mit dir, will sagen, was läuft falsch, damit du kannst tun was. Du tust nix und ich denk, na gut, ist halt so, er kann auch nicht heraus aus seiner Haut. Heute Vormittag habe ich sogar heimlich gesucht nach neuen Stellen für dich.«

Angespannt fährt sich Florin mit der Zunge über die Lippen, immer noch Gustl fixierend.

»Und dann du baust so eine Scheiße! Was bist du eigentlich für ein Arschloch?«

Gustl senkt den Blick, atmet langsam durch.

»Florin, ich –«

»Nein, probier jetzt nicht dich herausreden wie sonst immer. Eigentlich ich müsste gehen zur Polizei jetzt und dich anzeigen für die Scheiße. Ist dir das überhaupt klar?«

Gustl schließt den immer noch offenen Mund, schluckt. Blickt Florin ausdruckslos an, bis seine Augen allmählich glasig werden. Er presst die Lippen zusammen, und sein Oberkörper, seine Lippen beginnen immer wieder kurz zu beben, bis er das Schluchzen nicht länger unterdrücken kann.

»Eh«, antwortet er mit dünner Stimme, »Gesindel gehört weggesperrt.«

Florin hat bereits den Mund geöffnet, Luft geholt, um die erwartete Ausrede zu kontern, seinem Frust weiter Bahn zu machen. Doch alles, was er jetzt noch über die Lippen bringt, ist ein stummes Seufzen.

»Oder, Florin?«

Ein Dankeschön

Für die kostbare Hilfe bei diesem Gesellenstück möchte ich meinem Lehrmeister Christian Lorenz Müller und allen meinen Freunden von den Salzburger Textgesprächen danken. Mit ihnen lernte ich – und lerne immer noch – schreiben.

Auch Bernhard Hofer möchte ich danken. Dafür, dass du dir stets Zeit für meine Texte nimmst, aber vor allem für deine Freundschaft.

Und den vielen, vielen Menschen, deren Zuspruch mir in den vergangenen Jahren das Gefühl gab, dass meine Texte tatsächlich zu etwas taugen könnten: Ohne euch hätte ich das Schreiben wohl schon lange aufgegeben, und dieses Buch hätte nie das Licht der Welt erblickt. Euch gilt mein größter Dank, denn – so empfinde ich zumindest – nur wenig verleiht meinem Leben so Sinn wie das Schreiben.

Daniel Stögerer, 1997 im Südburgenland geboren und auch dort aufgewachsen, lebt in Wien und St. Lorenzen am Wechsel. Sein Hauptberuf, die Krankenpflege, ermöglicht ihm tagtäglich den Austausch mit Menschen aus allen Schichten der Gesellschaft, und seine Texte bilden oftmals das Resultat seiner Einblicke in ihre Lebenswelten. Veröffentlichungen in Anthologien, im Literaturmagazin DUM und im Online-Feuilleton zugetextet.com.

Autorenfoto: privat

Das könnte Sie auch interessieren:
Erzählungen in der edition keiper

Die Dauer der Scham
Erzählungen

von Mario Hladicz

Preis: AT € 20,00 / DE € 19,45
ISBN13: 978-3-903144-91-0
Seiten: 128
Format: 20,0 x 12,0 cm; Hardcover

Sympathische Erzählungen mit viel Humor!

Nach seinem gelungenen Lyrikband *Gedichte zwischen Uhr und Bett* (keiper lyrik 15) lässt Mario Hladicz nun mit einem Erzählband aufhorchen, der zeigt, wie wert ihm sein eigenes Schreiben ist. Präzise setzt er seine Worte, akkurat bettet er sein Schreiben in die Erzählform ein und stellt unter Beweis, wie pointiert, aussagekräftig und weitreichend Kurztexte sein können.

Er nimmt sich verschiedenster Themen und Stimmungen an – das Spektrum reicht von poetisch-schaurig über Trauer und Beklemmung bis hin zu einem sympathischen Einfangen von Eitelkeit und Selbstkritik. („Sofort war mir klar, dass ich als lächerlich Gewordener die Suche nach den richtigen Worten abzubrechen hatte." – Zitat)